관광중국어 실무 1

시사중국어사

관광중국어실무 1

초판발행	2016년 4월 20일
1판 3쇄	2020년 10월 10일
저자	권운영
책임 편집	최미진, 가석빈, 高霞
펴낸이	엄태상
디자인	진지화
콘텐츠 제작	김선웅, 전진우, 김담이
마케팅	이승욱, 전한나, 왕성석, 노원준, 조인선, 조성민
경영기획	마정인, 최성훈, 정다운, 김다미, 전태준, 오희연
물류	정종진, 윤덕현, 양희은, 신승진
펴낸곳	시사중국어사(시사북스)
주소	서울시 종로구 자하문로 300 시사빌딩
주문 및 교재 문의	1588-1582
팩스	0502-989-9592
홈페이지	http://www.sisabooks.com
이메일	book_chinese@sisadream.com
등록일자	1988년 2월 13일
등록번호	제1-657호

ISBN 979-11-5720-046-7 18720
     979-11-5720-048-1 (Set)

* 이 교재의 내용을 사전 허가없이 전재하거나 복제할 경우 법적인 제재를 받게 됨을 알려 드립니다.
* 잘못된 책은 구입하신 서점에서 교환해 드립니다.
* 정가는 표지에 표시되어 있습니다.

머리말

멋모르고 중국을 오간 지도 벌써 20년이 되었습니다. 두려움 반 설렘 반으로 처음 중국에 어학연수를 갔었던 기억이 납니다. 필자는 지난 20년간 중국을 오가며, 중국이 이젠 한국을 옆집 드나들 듯 오가는 경제대국으로 성장하는 모습을 직접 지켜본 셈입니다.

21세기에 들어서면서 중국인 여행객의 한국 방문은 점점 늘어나, 중화권 관광객 방문수는 매번 경신되고 있습니다. 서울의 버스에는 "就是現在首尔吧!(지금 바로 서울로 오세요!)"라는 광고 문구가 보이고, 이제 한국 주요 관광지의 상점에서는 점원의 중국어 실력을 최우선으로 보고 직원을 채용할 만큼, 한국 내 중국의 파워는 그 입지가 굳어지고 있습니다. 필자는 관광과에서 중국어를 가르치면서 매년 학생들과 함께 한국을 찾는 중화권 관광객의 한국 관광 만족도 조사를 실시해 왔습니다. 이는 관광과의 학생들이 중국어를 배우고서 (설령 중국어 실력이 부족하다 해도) 실제 관광업에 종사할 때 갖추어야 할 친절과 매너 그리고 그들이 진정으로 원하는 한국 관광의 모습을 알게 하고 싶었기 때문입니다. 그런데 그 결과는 생각만큼 만족스럽지 못했습니다. 그러나 문제점을 알면 바로 잡을 수 있습니다. 최근에는 국내의 관련 기관들이 중국인 관광객뿐만 아니라 한국을 찾는 외국인 관광객에 대한 만족도를 올리고 다시 찾고 싶은 한국을 만들기 위해 많은 노력을 하고 있어 만족스럽습니다.

필자는 관광을, 그리고 중국어를 공부하는 학생들을 가르치는 선생으로서 할 수 있는 일을 하자고 생각하여 이 책을 집필하게 되었습니다. 실제 관광과 서비스에 대해 충분히 교육 받은 우리 학생들이 중국인 관광객을 대상으로 국내여행안내를 할 수 있는 실무 중국어를 집중적으로 훈련하면, 중국인 고객 응대에 대한 두려움을 조금은 없앨 수 있을 거라 생각했습니다. 또한 최근 정부 방침에 따라 공표되어 교육되고 있는 국가직무능력표준인 NCS 교육과정에 '국내여행안내' 과정이 개발되어서, 그 과정에 맞춰 중국어 교육이 가능하도록 책을 구성해 보았습니다. 그래서 국내여행안내에 관심이 있거나 관련 수업을 이수한 학생들은 중국어를 잘 못하더라도 이 책을 따라 공부하고 익히면 충분히 기본 응대가 가능할 것이라고 생각합니다. 그리고 실제 중국인 고객 대상 교육을 고민하는 대학과 관광업계에서도 바로 활용할 수 있는 교재라 할 수 있습니다.

다시 찾고 싶은 한국으로 만들 주역은 바로 이 책으로 학습할 학생들이라고 생각합니다. 부디 열심히 익히고 연습해주긴 바랍니다. 중국어도 중요하겠지만 정말 중요한 기본은 그들을 맞이하는 태도라고 생각합니다. 어떠한 상황에서도 웃으면서 말할 수 있도록 연습해준다면 우리나라를 찾는 여러 외국인 관광객에게 좋은 인상을 남겨줄 것이라고 생각합니다.

마지막으로, 부족함이 많은 필자에게 집필의 기회를 주고 믿어주신 시사중국어사 관계자 분들께 진심으로 감사 드립니다. 힝싱 저를 믿고 지지해주시는 가족, 지인들, 은사님들께도 신심으로 감사 드립니다. 중국어를 오래하다 보니 점점 부족해지는 한국어 교정을 맡아주신 이혜경 선생님과 교재의 내용이 어렵지만 꼭 배우고 싶다고 끝까지 최선을 다해 함께 공부해주고, 교재 마무리하도록 힘을 보태 준 우리 학생들에게 감사의 인사를 전합니다.

2016년 4월 권운영

차례

— 들어가기 · 3
— 이 책의 소개 · 6
— 국내여행안내사 국가공인자격 시험 소개 · 8

제1과 您好，很高兴为您服务！ · 10
NCS: 여행 상품 상담

제2과 旅行日程表已经收到了。 · 22
NCS: 국내여행 안내 행사 지시서 확인

제3과 欢迎欢迎！ · 34
NCS: 국내여행 행사 준비, 영접(Meeting), 차량 탑승 안내

제4과 欢迎大家来到韩国的首都——首尔。 · 46
NCS: 차량 탑승 후 오리엔테이션

제5과 大家对房间满意吗? · 58
NCS: 국내여행 안내 진행 – 숙박 안내하기
　　　국내여행 고객 만족 관리

제6과 现在为大家介绍一下今天的行程。 · 70
NCS: 일정 소개하기, 현지 주의사항 안내하기

| 제7과 | 这儿就是韩国的古宫——景福宫。 | · 82 |

NCS: 관광 자원 소개 (1)

| 제8과 | 今天我们先去看汉拿山，骑马体验是自选项目。 | · 94 |

NCS: 관광 자원 소개 (2), 국내여행 안내 진행 – 선택 관광 안내하기

| 제9과 | 韩国的交通非常方便。 | · 106 |

NCS: 여행지 기본정보 및 교통 안내하기

| 제10과 | 我要换钱。 | · 118 |

NCS: 환전 및 쇼핑 안내하기

| 제11과 | 我的手机好像落在化妆品店了。 | · 130 |

NCS: 국내여행 안내 시 위기 관리

| 제12과 | 这次旅行真满意。 | · 142 |

NCS: 국내여행 고객 만족 관리

— 본문 해석 및 연습문제 정답 · 154

| 부록 1 | 관광 실무 관련 단어 | · 167 |
| 부록 2 | 색인(병음순) | · 173 |

이 책의 소개

〈**NCS** 과정에 **딱!** 맞춘 **관광중국어실무**〉는 국가직무능력표준인 NCS 관광 서비스 과정에 맞추어 내용을 구성한 국내 유일의 관광 실무 위주의 교재입니다. 1권은 국내여행 안내 실무로, 2권은 관광통역 안내 실무로 구성하여 국내여행 및 관광통역에 좀 더 실용적인 내용을 담았습니다.

NCS 부분에는 대부분 **NCS** 과정의 능력단위를 위주로 구성하고 간혹 능력단위 요소도 필요에 따라서 추가 구성했습니다. 학습내용의 대부분은 **NCS**의 관광레저 부문의 직무명인 '국내여행 안내'의 능력단위 요소 중에서 정리했고 대부분 그 순서를 지키되 본문 여행 안내 내용에 따라 필요할 경우 좀 더 자세히 내용을 추가하기도 했습니다.

학습목표 및 학습내용
이번 과의 학습목표 및 학습내용에 대해 미리 보여주는 페이지입니다. 어떤 내용에 대해 배울지 미리 대비하고 마음의 준비를 할 수 있습니다.

새단어
단어만 알면 중국어 문장이 쉬워진다! 이 과에 새로 등장하는 단어를 나열하여 본문 학습 전에 먼저 배우고 넘어갈 수 있도록 구성했습니다.

꼭 외워야 할 기본문장
각 과마다 국내여행 안내 실무에서 꼭 외워야 할 기본문장 8개를 뽑았습니다. 12개 과의 96개 문장만 확실하게 외우면 당장이라도 요우커와 함께 즐거운 여행을 즐길 수 있습니다!

회화 1, 2
한국인 가이드와 중국에서 온 여행단과 함께 실제 여행을 떠난 것 같이 즐거운 한국 여행을 즐겨보세요! 실무에 바로 활용 가능한 알짜 표현이 가득합니다!

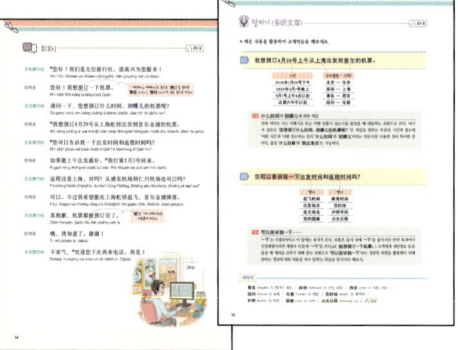

말하기(多说文章)
회화에 등장했던 알짜 표현 네 문장에 대한 간단한 설명과 함께 여러 번 반복하여 연습할 수 있도록 교체 단어를 실었습니다. 문장들을 소리 내어 정확하게 읽어 입에 착 붙게 연습하세요!

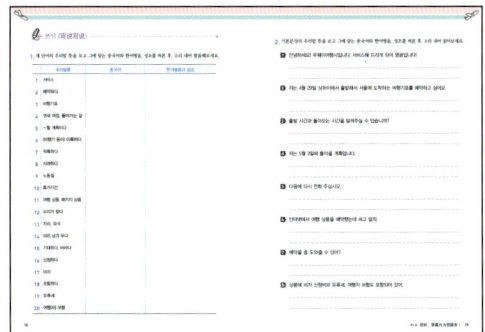

쓰기(写说看说)

외국어 학습에 가장 중요한 단어와 실무에 꼭 필요한 기본문장 8개를 좀 더 확실하게 복습할 수 있는 코너입니다. 한국어 뜻을 보고 병음와 중국어를 써본 후 읽어보고(写说) 직접 쓴 문장을 보고 읽어보세요(看说)!

보고 듣고 말하기(听说读写)

가이드 진행 시 꼭 필요한 다양한 자료에 관련된 문제를 보고 듣고(听) 말하고(说) 읽고 푸는(读写) 코너입니다. 여행 일정표, 여행지도, 지하철 에티켓 등 다양한 자료에 대해 살펴볼 수 있어 실무에 활용도가 높습니다.

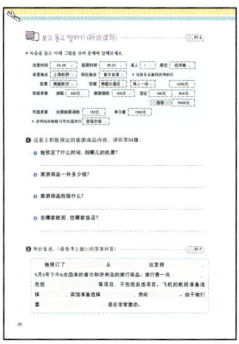

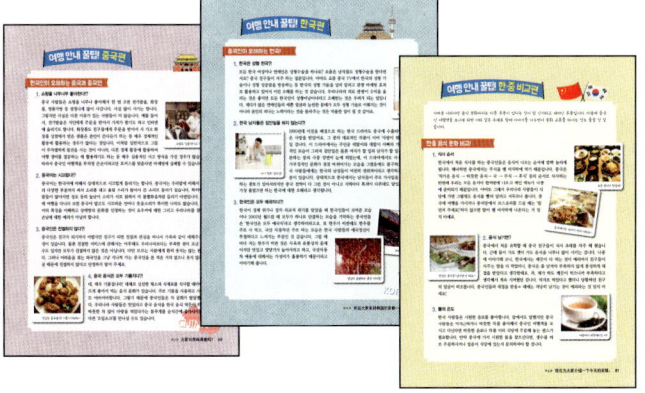

여행 안내 꿀팁!

요우커와 함께 여행할 때에 꼭 알아두어야 할 꿀팁이 가득! 중국과 한국, 그리고 한국과 중국을 비교해볼 수 있습니다.

부록

본문 해석 및 연습문제 정답은 기본이고, 한국 관광 실무 관련 추가 단어, 본문 단어 색인까지 세심하게 모아 넣었습니다.

포켓북

책 없이 언제 어디서나 학습이 가능하도록 본책을 축소한 포켓북이 포함되어 있습니다!

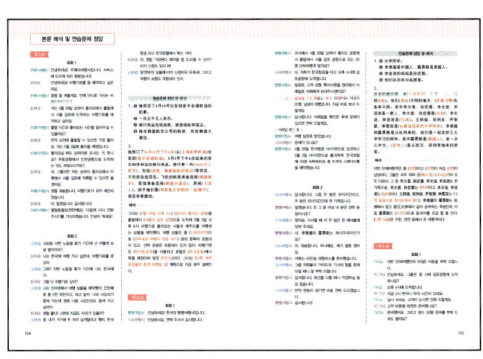

국내여행안내사(Domestic Tour Guide) 국가공인자격 시험

출처: 한국산업인력관리공단 홈페이지(www.q-net.or.kr)

1 소개

국내여행안내사는 관광진흥법에 의하여 문화체육관광부장관이 실시하는 국내여행안내사 자격시험에 합격한 후 문화체육관광부장관에게 등록한 자를 말한다. 국내여행안내사는 문화체육관광부(관광정책과)에서 소관하고, 자격시험은 한국산업인력공단에서 시행하며, 필기시험과 면접으로 진행되는 국가공인자격증이다.

2 직무

국내여행안내사의 직무로는 국내를 여행하는 관광객을 대상으로 국내의 여행지를 안내·소개해 주고, 여행을 돕는 역할 즉, 여행일정 계획 및 여행비용 산출, 숙박시설 예약, 명승지나 고적지 안내 등 여행에 필요한 각종 서비스를 제공하는 업무를 전문적으로 담당하게 된다.

3 진로 및 전망

국내여행안내사의 진로는 여행업, 관광숙박업, 국내여행사, 호텔, 중고등학교 단체여행 안전요원 등으로 취업하거나 프리랜서로 활동할 수 있다. 국내여행안내사의 전망은 최근 내국인의 주5일제 법제화와 국가경제 성장으로 인한 소득증가로 인해 여행인구가 증가되면서 여행, 관광 산업의 가파른 성장세로 이어지고 있고, 특히 지역 기반 여행업체 증가에 따라 국내여행안내사의 수요가 전국적으로 급증하고 있다.

4 응시자격

※ 제한 없음(다만, 「관광진흥법」 제38조제5항(동법 제7조 준용)에 해당하는 결격사유가 없는 자)

국내여행안내사 결격사유자
1. 금치산자·한정치산자
2. 파산선고를 받고 복권되지 아니한 자
3. 이 법에 다라 등록 등 또는 사업계획의 승인이 취소되거나 제36조제1항에 따라 영업소가 폐쇄된 후 2년이 지나지 아니한 자
4. 이 법을 위반하여 징역 이상의 실형을 선고 받고 그 집행이 끝나거나 집행을 받지 아니하기로 확정된 후 2년이 지나지 아니한 자 또는 형의 집행유예 기간 중에 있는 자

5 시험과목 및 방법

구분	시험과목	배점비율	문항수	시험시간	시험방법
제1차 시험	1. 국사(근현대사 포함)	30%	15	100분 (09:30~11:10)	객관식 4지선택형
	2. 관광자원해설	20%	10		
	3. 관광법규	20%	10		
	4. 관광학개론	30%	15		
제2차 시험	국가관, 사명감 등 정신자세, 전문지식과 응용능력, 예의·품행 및 성실성, 의사발표의 정확성과 논리성 등				면접형

6 합격기준

구분	
1차 시험	매 과목 4할 이상이고 전 과목 점수가 배점 비율로 환산하여 6할 이상
2차 시험	총점의 6할 이상을 득점한 자

7 면제 대상자

1) 경력에 의한 제1차 시험 면제자
   ① 「고등교육법」에 다른 전문대학 이상의 학교에서 관광분야를 전공하고 졸업한 자(졸업예정자 및 관광분야 과목을 이수하여 다른 법령에서 이와 동등한 학력을 취득한 자를 포함한다)
   ② 여행안내와 관련된 업무에 2년 이상 종사한 경력이 있는 자
   ③ 「초·중등교육법」에 다른 고등학교나 고등기술학교를 졸업한 자 또는 다른 법령에서 이와 동등한 학력이 있다고 인정되는 교육기관에서 관광분야의 학과를 이수하고 졸업한 자(졸업예정자를 포함한다)

2) 전년도 제1차 시험 합격에 의한 면제자
   1차 시험 및 외국어 시험에 합격하고 2차 시험에 불합격한 자에 대하여는 다음 회의 시험에만 1차 시험 및 외국어 시험을 면제한다.

8 시험 접수 및 그 외 사항

1) 시험 응시 기간: 연 1회 시행
2) 응시수수료: 1, 2차 통합 20,000원
3) 원서 접수 및 합격자 발표 등에 관련된 모든 정보는 한국산업인력공단 홈페이지 (http://www.q-net.or.kr)에서 확인 가능함.

제1과

您好，很高兴为您服务！

NCS: 여행 상품 상담

학습목표 한국을 여행하고 싶어하는 중국인 고객이 문의를 할 경우 중국어로 설명할 수 있다.

학습내용
1. 전화 문의 응대하기
2. 비행기 출발 및 도착 시간 안내하기
3. 가격 알아보기
4. 예약하기

새단어 🎧 01-1

服务	fúwù	명	서비스
预订	yùdìng	동	예약하다
机票	jīpiào	명	비행기표(= 飞机票 fēijīpiào)
返程	fǎnchéng	명	귀국 여정, 돌아가는 길
打算	dǎsuan	동	~할 계획이다
起飞	qǐfēi	동	(비행기 등이) 이륙하다
降落	jiàngluò	동	착륙하다
抱歉	bàoqiàn	동	사과하다
劳动节	Láodòng Jié	명	노동절
假期	jiàqī	명	휴가기간
旅游商品	lǚyóu shāngpǐn	명	여행 상품, 패키지 상품
划算	huásuàn	형	수지가 맞다
座位	zuòwèi	명	자리, 좌석
预留	yùliú	동	미리 남겨 두다
期待	qīdài	동	기대하다, 바라다
申请	shēnqǐng	동	신청하다
签证	qiānzhèng	명	비자
包括	bāokuò	동	포함하다
油税	yóushuì	명	유류세
旅游保险	lǚyóu bǎoxiǎn	명	여행(자) 보험

memo

꼭 외워야 할 기본문장 　01-2

1 您好！我们是无位旅行社。很高兴为您服务！
Nín hǎo! Wǒmen shì Wúwèi Lǚxíngshè. Hěn gāoxìng wèi nín fúwù!

2 我想预订4月29号从上海出发到首尔的机票。
Wǒ xiǎng yùdìng sì yuè èrshíjiǔ hào cóng Shànghǎi chūfā dào Shǒu'ěr de jīpiào.

3 您可以告诉我一下出发时间和返程时间吗?
Nín kěyǐ gàosu wǒ yíxià chūfā shíjiān hé fǎnchéng shíjiān ma?

4 我打算5月3号回来。
Wǒ dǎsuan wǔ yuè sān hào huílai.

5 欢迎您下次再来电话。
Huānyíng nín xiàcì zài lái diànhuà.

6 我是在网上预订的旅游商品，又便宜又划算。
Wǒ shì zài wǎngshàng yùdìng de lǚyóu shāngpǐn, yòu piányi yòu huásuàn.

7 可以帮忙预订一下吗?
Kěyǐ bāngmáng yùdìng yíxià ma?

8 商品还包括签证、油税和旅游保险。
Shāngpǐn hái bāokuò qiānzhèng、yóushuì hé lǚyóu bǎoxiǎn.

해석

1 안녕하세요! 우웨이여행사입니다. 서비스해 드리게 되어 영광입니다!
2 저는 4월 29일 상하이에서 출발해서 서울에 도착하는 비행기표를 예약하고 싶어요.
3 출발 시간과 돌아오는 시간을 알려주실 수 있습니까?
4 저는 5월 3일에 돌아올 계획입니다.
5 다음에 다시 전화 주십시오.
6 인터넷에서 여행 상품을 예약했는데 싸고 알차.
7 예약을 좀 도와줄 수 있어?
8 상품에 비자 신청비와 유류세, 여행자 보험도 포함되어 있어.

회화1

🎧 01-3

无位旅行社 ❶您好！我们是无位旅行社。很高兴为您服务！
Nín hǎo! Wǒmen shì Wúwèi Lǚxíngshè. Hěn gāoxìng wèi nín fúwù!

权利多 您好！我想预订一下机票。
Nín hǎo! Wǒ xiǎng yùdìng yíxià jīpiào.

> '예약하다, 예매하다'는 뜻으로 '预订'을 썼지만 '预定 yùdìng', '预约 yùyuē'도 같은 뜻으로 쓰인다.

无位旅行社 请问一下，您想预订什么时间、到哪儿的机票呢？
Qǐngwèn yíxià, nín xiǎng yùdìng shénme shíjiān、dào nǎr de jīpiào ne?

权利多 ❷我想预订4月29号从上海虹桥出发到首尔金浦的机票。
Wǒ xiǎng yùdìng sì yuè èrshíjiǔ hào cóng Shànghǎi Hóngqiáo chūfā dào Shǒu'ěr Jīnpǔ de jīpiào.

无位旅行社 ❸您可以告诉我一下出发时间和返程时间吗？
Nín kěyǐ gàosu wǒ yíxià chūfā shíjiān hé fǎnchéng shíjiān ma?

权利多 如果能上午出发最好。❹我打算5月3号回来。
Rúguǒ néng shàngwǔ chūfā zuì hǎo. Wǒ dǎsuan wǔ yuè sān hào huílai.

无位旅行社 返程还是上海，对吗？从浦东机场到仁川机场也可以吗？
Fǎnchéng háishi Shànghǎi, duì ma? Cóng Pǔdōng Jīchǎng dào Rénchuān Jīchǎng yě kěyǐ ma?

权利多 可以。不过我希望能在上海虹桥起飞，首尔金浦降落。
Kěyǐ. Búguò wǒ xīwàng néng zài Shànghǎi Hóngqiáo qǐfēi, Shǒu'ěr Jīnpǔ jiàngluò.

无位旅行社 真抱歉，机票都被预订完了。
Zhēn bàoqiàn, jīpiào dōu bèi yùdìng wán le.

> '被'는 '~에 의해서'라는 피동문에 쓰인다.

权利多 哦，我知道了。谢谢！
Ò, wǒ zhīdào le. Xièxie!

无位旅行社 不客气，❺欢迎您下次再来电话。再见！
Búkèqi, huānyíng nín xiàcì zài lái diànhuà. Zàijiàn!

> '权利多 Quán Lìduō'의 '权利 quánlì'는 '권리'라는 뜻이고, '无位旅行社'의 '无位 wúwèi'는 '자리가 없다'는 뜻이다.

회화 2

王积极 这次劳动节假期你想怎么过?
Zhè cì Láodòng Jié jiàqī nǐ xiǎng zěnme guò?

权利多 我想去韩国旅行，但是没买到飞机票。
Wǒ xiǎng qù Hánguó lǚxíng, dànshì méi mǎidào fēijīpiào.

王积极 是吗? 这次劳动节假期我也去韩国。
Shì ma? Zhè cì Láodòng Jié jiàqī wǒ yě qù Hánguó.

权利多 那你买到票了吗?
Nà nǐ mǎidào piào le ma?

발음주의! '晚上 wǎnshang'과 혼동하지 않는다.

王积极 ❶我是在网上预定的旅游商品，
Wǒ shì zài wǎngshàng yùdìng de lǚyóu shāngpǐn,

一共5000元人民币，又便宜又划算。
yígòng wǔ qiān yuán rénmínbì, yòu piányi yòu huásuàn.

权利多 真不错! 可是现在还能有座位吗?
Zhēn búcuò! Kěshì xiànzài hái néng yǒu zuòwèi ma?

王积极 嗯。我让那边预留了两个座位。
Èng. Wǒ ràng nà biān yùliú le liǎng ge zuòwèi.

权利多 哇，真的好期待，❷可以帮忙预订一下吗? 别忘了申请签证!
Wā, zhēn de hǎo qīdài, kěyǐ bāngmáng yùdìng yíxià ma? Bié wàng le shēnqǐng qiānzhèng!

王积极 当然! ❸商品还包括签证、油税和旅游保险呢。
Dāngrán! Shāngpǐn hái bāokuò qiānzhèng、yóushuì hé lǚyóu bǎoxiǎn ne.

'王积极 Wáng Jījí'의 '积极'는 '적극적이다'라는 뜻의 형용사이다.

제1과 您好，很高兴为您服务！

말하기 (多说文章)   🎧 01-5

* 배운 내용을 활용하여 교체연습을 해보세요.

01 我想预订4月29号上午从上海出发到首尔的机票。

시간	장소(출발 – 도착)
2016年1月23号下午	北京 — 东京
2020年3月1号晚上	深圳 — 上海
5月1号上午9点以后	青岛 — 西安
这周六中午以后	纽约 — 伦敦

Tip 什么时间과 到哪儿에 대한 대답

언제 어디로 가는 비행기표 또는 여행 상품이 있는가를 물었을 때 대답하는 표현으로 쓴다. 여기서 질문은 '您想预订什么时间、到哪儿的机票呢？'로 대답을 원하는 부분인 시간과 장소에 '어떤 시간'과 '어떤 장소'라는 뜻의 '什么时间'과 '到哪儿'이라는 의문사를 사용한 것이 특이한 점이다. 물론 '什么时候'와 '到达地点'도 가능하다.

02 您可以告诉我一下出发时间和返程时间吗？

명사	명사
起飞时间	降落时间
出发地点	目的地
英文姓名	护照号码
您的国籍	出生日期

Tip 可以告诉我一下……

'一下'는 수량보어이고 이 앞에는 동사가 온다. 보통은 동사 뒤에 '一下'를 붙이지만 만약 목적어가 인칭대명사라면 대명사 다음에 '一下'를 쓴다.(cf. 我想预订一下机票。) 고객에게 개인정보 등을 물을 때 예의를 갖추기 위해 묻는 표현으로 '可以告诉我一下'라는 정중한 표현을 활용해서 뒤에 원하는 정보에 대한 내용을 써서 말하는 연습을 중국어로 해보자.

새단어

青岛 Qīngdǎo 지 칭다오, 청도	深圳 Shēnzhèn 지 션전, 심천	西安 Xī'ān 지 시안, 서안
纽约 Niǔyuē 지 뉴욕	伦敦 Lúndūn 지 런던	目的地 mùdìdì 명 목적지
护照 hùzhào 명 여권	国籍 guójí 명 국적	出生日期 chūshēng rìqī 명 생년월일

03 又便宜又划算。

형/동	형/동
紧张	高兴
漂亮	热情
炎热	干燥
寒冷	潮湿

Tip 又……又……

'~하면서 ~하다'는 뜻으로 주로 비슷한 성격의 형용사를 연결할 때 쓴다. 물론 동사도 가능하지만 본 교재에서는 형용사 용법을 주로 연습해 보도록 한다. 동사가 올 경우 때에 따라서 '一边……一边……'의 구문과 혼동될 수 있으니 유의하기 바란다. 앞 단어의 의미가 긍정이면 뒤에 긍정적 의미의 단어를, 부정적이면 부정적인 의미의 단어를 연결하는 것이 보편적이며 글자수 역시 맞춰줄 수 있으면 금상첨화이다.

04 我是在网上预订的，总共5000元人民币。

在 + 장소 + 동사	금액·수량
在超市买	两百元人民币
在上海南京路买	一千元人民币
在网上购物	五十万元韩币
在百货商店购买	六万八千元韩币

Tip (是)在 + 장소 + 동사 + 的, 总共 + 가격

'(是)在 + 장소 + 동사 + 的' 용법은 '(과거에) ~에서 ~을 샀다'는 뜻이다. 과거의 시간이나 장소, 교통수단 등에 대해서 이야기할 때는 동사 뒤에 '了' 대신 '的'를 써야 하고 '是'는 생략 가능하다. '总共 + 가격'은 가격의 총액을 말할 때 쓰는 표현으로, 이때 인민폐는 '元(人民币)'으로 표기하지만 회화에서 발음할 때는 보통 '块(钱)'로 대신해서 읽는다. 여행 안내 시 가장 많이 쓰는 표현이 가격에 관련된 표현이다. 게다가 우리나라 화폐 단위는 기본적으로 만 단위 이상이기 때문에 숫자 연습이 필수이다.

새단어

紧张 jǐnzhāng 형 긴장하다, 부족하다 ｜ 热情 rèqíng 형 매우 친절하다, 열정적이다 ｜ 炎热 yánrè 형 찌는 듯 덥다 ｜
干燥 gānzào 형 건조하다 ｜ 寒冷 hánlěng 형 몹시 춥다 ｜ 潮湿 cháoshī 형 눅눅하다, 습하다 ｜
购买 gòumǎi 동 구매하다, 쇼핑하다(= 购物 gòuwù)

1. 새 단어의 우리말 뜻을 보고 그에 맞는 중국어와 한어병음, 성조를 써본 후, 소리 내어 발음해보세요.

	우리말뜻	중국어	한어병음과 성조
1	서비스		
2	예약하다		
3	비행기표		
4	귀국 여정, 돌아가는 길		
5	~할 계획이다		
6	(비행기 등이) 이륙하다		
7	착륙하다		
8	사과하다		
9	노동절		
10	휴가기간		
11	여행 상품, 패키지 상품		
12	수지가 맞다		
13	자리, 좌석		
14	미리 남겨 두다		
15	기대하다, 바라다		
16	신청하다		
17	비자		
18	포함하다		
19	유류세		
20	여행(자) 보험		

2. 기본문장의 우리말 뜻을 보고 그에 맞는 중국어와 한어병음, 성조를 써본 후, 소리 내어 읽어보세요.

1 안녕하세요! 우웨이여행사입니다. 서비스해 드리게 되어 영광입니다!

2 저는 4월 29일 상하이에서 출발해서 서울에 도착하는 비행기표를 예약하고 싶어요.

3 출발 시간과 돌아오는 시간을 알려주실 수 있습니까?

4 저는 5월 3일에 돌아올 계획입니다.

5 다음에 다시 전화 주십시오.

6 인터넷에서 여행 상품을 예약했는데 싸고 알차.

7 예약을 좀 도와줄 수 있어?

8 상품에 비자 신청비와 유류세, 여행자 보험도 포함되어 있어.

제1과 您好，很高兴为您服务！

보고 듣고 말하기 (听说读写) 🎧 01-6

＊녹음을 듣고 아래 그림을 보며 문제에 답해보세요.

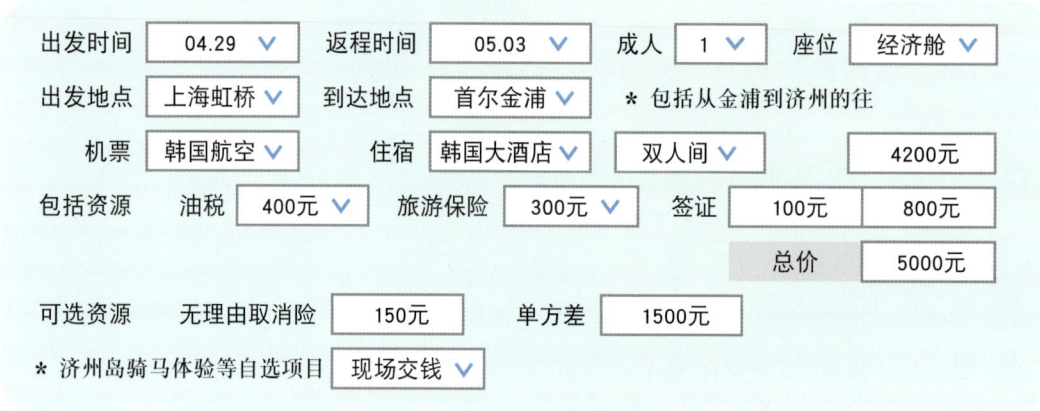

1 这是王积极预定的旅游商品内容，请回答问题。

❶ 她预定了什么时间、到哪儿的机票？

_____

❷ 旅游商品一共多少钱？

_____

❸ 旅游商品包括什么？

_____

❹ 坐哪家航班，住哪家酒店？

_____

2 听后复述。(请参考上面(1)的答案回答) 🎧 01-7

　　　她预订了　　　　　　从　　　　　　出发到　　　　　　，5月3号下午6点回来的首尔和济州岛的旅行商品。旅行费一共　　　　　　，包括　　　　　　等项目，不包括自选项目。飞机的航班准备选择　　　　　　，宾馆准备选择　　　　　　，房间　　　　　　。由于她们要　　　　　　，现在非常激动。

여행 안내 꿀팁! 중국편

관광업에 종사하다 보면, 중국인들은 뭘 좋아할까, 어떻게 하면 한국에 대한 좋은 인식을 가질 수 있을까 하며 고민하게 되는데 아는 것이 힘! 중국인 관광객에 대한 팁을 소개해봅니다.

중국 사람들과 안부 묻기

1. '你好'보다 '你去哪儿?', '你吃饭了吗?'를 먼저 물어요.

중국 사람들은 길거리에서 만나도 '안녕?'이라고 인사를 잘 하지 않아요. 그래서 중국인들이 인사를 잘 하지 않는다고 오해하는 분들이 많지요. 그렇지만 혹시 식사 때가 되었을 때 "밥 먹었니?(你吃饭了吗?)" 혹은 "어디 가니?(你去哪儿?)"라고 직접적인 안부를 물어본 적이 있나요? 그렇다면 아마 환하게 웃으면서 안부를 물어줘서 고맙다고 인사하는 중국 사람들의 모습을 보시게 될 거고, 오해하고 있었구나 생각이 드실 거예요.

2. 나이보다는 이름을, 이름보다는 성씨를, 그리고 고향을 먼저 물어요.

중국 사람들은 우리나라 사람들처럼 나이를 먼저 묻지 않아요. 그보다는 이름을 먼저 묻지요. 그리고 우리는 이름을 부르지만 중국 사람들은 '샤오왕(小王)' 이렇게 성씨를 우선 부르기 때문에 성씨를 먼저 물어요. 그리고 특이한 것은 고향을 꼭 물어본다는 것이죠. 땅이 워낙 넓어서겠지요?

중국 사람들이 좋아하는 것

1. 따뜻한 차(茶 chá)를 좋아해요. 준비해 주세요.

중국 사람들은 늘 따뜻한 차를 마셔요. 밥을 먹기 전에도 차를 마시고, 밥을 먹은 후에도 차를 마시고 일어나서도, 자기 전에도, 하루 종일 차를 입에 달고 산다고 해도 과언이 아닐 정도예요. 기름진 음식을 주식으로 하는 중국 사람들이 살도 안 찌고 날씬한 몸매를 유지하는 비결도 바로 이 차라는 이야기가 있으니, 중국 사람들의 차 사랑은 어쩌면 당연한 것일지도 모르겠네요.

중국 사람들이 좋아하는 차(茶)

빨간색을 좋아하는 중국 사람들

2. 빨간색을 정말 좋아해요.

중국 사람들은 빨간색을 정말 좋아해요. 이것은 과거의 관습에서 비롯된 것인데, 예로부터 중국 사람들은 빨간색은 귀신을 물리치고 가정의 안정과 행복을 가져다 주는 색이라고 생각해 왔으며, 그 외에도 권력, 명예, 부를 상징하는 색으로도 생각한다고 합니다. 그리하여 국기부터 전통 복장 등 '중국'하면 빨간색을 떠올릴 정도로 국가를 대표하는 색이 되었답니다.

CHINA

제1과 您好，很高兴为您服务！

제 2 과

旅行日程表已经收到了。

NCS: 국내여행 안내
　　　 행사 지시서 확인

학습목표   국내로 여행 오는 중국인 단체관광객에 관한 행사 지시서를 중국어로 확인하고 설명할 수 있다.

학습내용
1. 고객 정보 확인하기
2. 일정 확인하기
3. 특이사항 확인하기
4. 예약 사항 재확인하기

새단어 🎧 02-1

□ 团体	tuántǐ	명	단체
□ 游客	yóukè	명	요우커, 여행객(= 旅客 lǚkè)
□ 日程表	rìchéngbiǎo	명	일정표
□ 顾客姓名	gùkè xìngmíng	명	고객 이름, 고객 성명
□ 特殊事项	tèshū shìxiàng	명	특이사항
□ 邮件	yóujiàn	명	이메일(= 电子邮件 diànzǐ yóujiàn)
□ 确认	quèrèn	동	확인하다
□ 收到	shōudào	동	(편지, 선물 등을) 받다, 수령하다
□ 入境 ↔ 出境	rùjìng ↔ chūjìng	동	입국하다 ↔ 출국하다
□ 乘坐	chéngzuò	동	(교통수단에) 타다, 승차하다(= 乘车 chéngchē)
□ 入住	rùzhù	동	숙박하다
□ 预约	yùyuē	동	예약하다
□ 标准房	biāozhǔnfáng	명	스탠다드 룸
□ 用餐	yòngcān	동	식사하다
□ 素食主义者	sùshí zhǔyìzhě	명	채식주의자
□ 客车	kèchē	명	대형버스, 객차
□ 小费	xiǎofèi	명	팁
□ 拜托	bàituō	동	부탁하다
□ 尽	jìn	부	전부, 모두
□ 变动	biàndòng	명	변동, 변화

memo

꼭 외워야 할 기본문장 — 02-2

1 你们是30名团体游客，对吧?
Nǐmen shì sānshí míng tuántǐ yóukè, duì ba?

2 我们坐韩国航空，下午4点到金浦机场。
Wǒmen zuò Hánguó Hángkōng, xiàwǔ sì diǎn dào Jīnpǔ Jīchǎng.

3 请把你们的日程表、顾客姓名、特殊事项整理好。
Qǐng bǎ nǐmen de rìchéngbiǎo、gùkè xìngmíng、tèshū shìxiàng zhěnglǐ hǎo.

4 等我们确认邮件后，有什么问题再联系您。
Děng wǒmen quèrèn yóujiàn hòu, yǒu shénme wèntí zài liánxì nín.

5 4月29号乘坐韩国航空HK111号航班入境，5月3号乘坐HK112号航班出境。
Sì yuè èrshíjiǔ hào chéngzuò Hánguó Hángkōng HK111 hào hángbān rùjìng, wǔ yuè sān hào chéngzuò HK112 hào hángbān chūjìng.

6 在用餐的时候请把他们安排到一个桌子上。
Zài yòngcān de shíhou qǐng bǎ tāmen ānpái dào yí ge zhuōzi shang.

7 我们会尽最大的努力，不用担心。
Wǒmen huì jìn zuì dà de nǔlì, búyòng dānxīn.

8 要是有什么变动，我会联系您。
Yàoshi yǒu shénme biàndòng, wǒ huì liánxì nín.

해석

1 30명 단체여행객(요우커) 맞으시죠?
2 우리는 한국항공을 타고 오후 4시에 김포공항에 도착해요.
3 일정표, 고객 성명, 특이사항을 정리해 주세요.
4 이메일을 확인한 후에 문제(질문)가 있으면 다시 연락 드릴게요.
5 4월 29일 한국항공 HK111편으로 입국하고, 5월 3일 HK112편으로 출국합니다.
6 식사할 때 그들을 한 테이블에 배정해 주세요.
7 저희들이 최대한 노력할 테니 걱정하실 필요 없어요.
8 만약 변동이 생기면 제가 연락 드리겠습니다.

제2과 旅行日程表已经收到了。

회화1 🎧 02-3

棒棒旅行社 您好，我们是韩国的棒棒旅行社。
Nín hǎo, wǒmen shì Hánguó de Bàngbàng Lǚxíngshè.

时事旅行社 您好，谢谢您联系我。
Nín hǎo, xièxie nín liánxì wǒ.

棒棒旅行社 你们是4月29号，上海虹桥机场出发到首尔金浦机场的
Nǐmen shì sì yuè èrshíjiǔ hào, Shànghǎi Hóngqiáo Jīchǎng chūfā dào Shǒu'ěr Jīnpǔ Jīchǎng de

❶30名团体游客，对吧？
sānshí míng tuántǐ yóukè, duì ba?

时事旅行社 是的，❷我们坐韩国航空，下午4点到金浦机场。
Shì de, wǒmen zuò Hánguó Hángkōng, xiàwǔ sì diǎn dào Jīnpǔ Jīchǎng.

棒棒旅行社 ❸把你们的日程表、顾客姓名、特殊事项整理好，
Bǎ nǐmen de rìchéngbiǎo、gùkè xìngmíng、tèshū shìxiàng zhěnglǐ hǎo,

用邮件发给我们，好吗？
yòng yóujiàn fāgěi wǒmen, hǎo ma?

时事旅行社 知道了，一共30名游客，22名女性，8名男性。
Zhīdào le, yígòng sānshí míng yóukè, èrshíèr míng nǚxìng, bā míng nánxìng.

现在就给您发过去。
Xiànzài jiù gěi nín fā guòqu.

棒棒旅行社 谢谢，❹等我们确认邮件后，有什么问题再联系您。
Xièxie, děng wǒmen quèrèn yóujiàn hòu, yǒu shénme wèntí zài liánxì nín.

棒棒旅行社 Bàngbàng Lǚxíngshè의 '棒'은 '대단하다, 훌륭하다'라는 뜻의 형용사이다. '대단한 여행사'의 의미!

회화2

- 确认邮件后 -

棒棒旅行社 旅行日程表已经收到了。
Lǚxíng rìchéngbiǎo yǐjīng shōudào le.

时事旅行社 有什么问题吗?
Yǒu shénme wèntí ma?

棒棒旅行社 ❸4月29号乘坐韩国航空HK111号航班入境，5月3号乘坐HK112号航班出境，韩国大酒店入住30位，一共预约15个标准房。
Sì yuè èrshíjiǔ hào chéngzuò Hánguó Hángkōng HK111 hào hángbān rùjìng, wǔ yuè sān hào chéngzuò HK112 hào hángbān chūjìng, Hánguó dà jiǔdiàn rùzhù sānshí wèi, yígòng yùyuē shíwǔ ge biāozhǔnfáng.

时事旅行社 其中有两位是父亲和儿子，两位是母亲和女儿，他们是一家人。
Qízhōng yǒu liǎng wèi shì fùqīn hé érzi, liǎng wèi shì mǔqīn hé nǚ'ér, tāmen shì yì jiā rén.

棒棒旅行社 知道了。还有其中4位女性是大学同学，对吧?
Zhīdào le. Háiyǒu qízhōng sì wèi nǚxìng shì dàxué tóngxué, duì ba?

时事旅行社 对的，❺在用餐的时候请把这两组安排到一个桌子上。
Duì de, zài yòngcān de shíhou qǐng bǎ zhè liǎng zǔ ānpái dào yí ge zhuōzi shang.

棒棒旅行社 好的。李美国和露易斯都是素食主义者吗?
Hǎo de. Lǐ Měiguó hé Lùyìsī dōu shì sùshí zhǔyìzhě ma?

时事旅行社 啊，对不起，不是的，我写错了。
À, duìbuqǐ, búshì de, wǒ xiěcuò le.

棒棒旅行社 我们安排了45人的客车。
Wǒmen ānpái le sìshíwǔ rén de kèchē.

时事旅行社 那么我们把导游和司机的小费一起给您，拜托了。
Nàme wǒmen bǎ dǎoyóu hé sījī de xiǎofèi yìqǐ gěi nín, bàituō le.

棒棒旅行社 谢谢，❼我们会尽最大的努力，不用担心。
Xièxie, wǒmen huì jìn zuì dà de nǔlì, búyòng dānxīn.

时事旅行社 ❽要是有什么变动，我会联系您。
Yàoshi yǒu shénme biàndòng, wǒ huì liánxì nín.

棒棒旅行社 谢谢!
Xièxie!

말하기 (多说文章)

* 배운 내용을 활용하여 교체연습을 해보세요.

01 我们坐韩国航空，下午4点到金浦机场。

항공회사명	시간 + 到 + 장소(공항명)
大韩航空	早上八点 - 仁川机场
韩亚航空	上午十点 - 釜山国际机场
东方航空	中午十二点 - 浦东机场
中国国际航空	晚上七点 - 北京机场

Tip 坐 + 항공회사명, 시간 + 到 + 장소

'坐 + 항공회사명, 시간 + 到 + 장소' 구문으로 '어느 항공을 타고 몇 시에 어느 공항에 도착합니다.'라는 표현을 연습할 수 있다. 실제 항공편 스케줄을 찾아서 다양하게 연습해 보고 어떠한 상황에서도 이야기할 수 있도록 한다.

02 4月29号入境，5月3号出境。

시간	시간
1月1号	1月5号
12月24号	12月31号
春节	2月28号
9月25号	国庆节

Tip 동사 入境, 出境

'入境'은 '국경에 들어오다'는 뜻으로 '입국'을 뜻하고, '出境'은 '국경에서 나가다'는 뜻으로 '출국'을 뜻한다. 비행기표를 구매할 때 출입국 날짜를 정확하게 말하고 구입할 수 있도록 날짜와 출입국 표현을 연습해 보도록 한다.

새단어

大韩航空 Dàhán Hángkōng 대한항공 | **韩亚航空** Hányà Hángkōng 아시아나항공 |
东方航空 Dōngfāng Hángkōng 동방항공 | **中国国际航空** Zhōngguó Guójì Hángkōng 중국국제항공 |
釜山 Fǔshān 지 부산 | **浦东机场** Pǔdōng Jīchǎng 푸둥공항(중국 상하이) | **北京** Běijīng 지 베이징, 북경 |
春节 Chūn Jié 명 춘절(음력 설날) | **国庆节** Guóqìng Jié 명 중국 국경일(10월1일)

03 用餐的时候(，)请把他们安排到一个桌子上。

동사	주어 + 동사 + 在/到
坐车	我们安排在一起
睡觉	她们安排到同一个房间
看电影	他们安排在一起
回家	他们送到地铁站

Tip ……的时候, 请把……

'~할 때 ~를 (어떻게) 배정해 주세요'라는 뜻이다. '차를 탈 때 우리를 함께 앉게 해 주세요', '잠을 잘 때 그녀들을 같은 방에 배정해 주세요' 등의 문장을 연습해 볼 수 있다. 고객의 요구를 파악해서 현지 여행사와 의견을 교환하는 데 활용해 보도록 한다. 또한 이 문장의 '请把 + ……(제발 ~을 ~해주세요)'라는 표현을 추가하므로써 좀 더 예의 갖춘 표현이 될 수 있다. '安排', '坐', '送' 등 상황에 따라서 구체적인 동사로 대체할 수 있다.

04 要是有什么变动，我(就)会联系您。

가정문	~할 수 있다
有什么问题	帮你
有特殊情况	解决问题
你来	欢迎你
她不来	不高兴

Tip 要是……, (就)……/会……(的)

'要是……, (就)……'는 '만약 ~한다면, (곧) ~하다'라는 가정문의 대표 구문이다. 보통 가정문 뒤에는 '就'가 자주 등장하지만, '就'는 시간의 흐름상 곧바로 진행해야 한다는 의미가 있어서 이 문장에서는 흐름상 넣지 않았다. 그리고 '会……(的)'는 '~할 거야'라는 뜻으로 의지를 나타내므로, 이 두 가지 표현을 연결해서 말하면 '만약 ~한다면 곧 ~할 거야'라고 해석할 수 있다. '要是'는 '如果'와 바꿔 쓸 수 있고 '就'는 내용에 따라서 '一定' 등으로 대체 가능하며 이 문장에서처럼 생략도 가능하다. 다양한 상황에 대처할 때 필요한 가정문이므로 상황별로 연습해 본다.

새단어

安排 ānpái 동 (인원·시간 등을) 안배하다, 준비하다 | 解决 jiějué 동 해결하다 | 问题 wèntí 명 문제, 질의

1. 새 단어의 우리말 뜻을 보고 그에 맞는 중국어와 한어병음, 성조를 써본 후, 소리 내어 발음해보세요.

	우리말뜻	중국어	한어병음과 성조
1	단체		
2	요우커, 여행객		
3	일정표		
4	고객 이름, 고객 성명		
5	특이사항		
6	이메일		
7	확인하다		
8	(편지, 선물 등을) 받다		
9	입국하다 ↔ 출국하다		
10	(교통수단에) 타다, 승차하다		
11	숙박하다		
12	예약하다		
13	스탠다드 룸		
14	식사하다		
15	채식주의자		
16	대형버스, 객차		
17	팁		
18	부탁하다		
19	전부, 모두		
20	변동, 변화		

2. 기본문장의 우리말 뜻을 보고 그에 맞는 중국어와 한어병음, 성조를 써본 후, 소리 내어 읽어보세요.

1 30명 단체여행객(요우커) 맞으시죠?

2 우리는 한국항공을 타고 오후 4시에 김포공항에 도착해요.

3 일정표, 고객 성명, 특이사항을 정리해 주세요.

4 우리가 이메일을 확인한 후에 문제(질문)가 있으면 다시 연락 드릴게요.

5 4월 29일 한국항공 HK111편으로 입국하고, 5월 3일 HK112편으로 출국합니다.

6 식사할 때 그들을 한 테이블에 배정해 주세요.

7 저희들이 최대한 노력할 테니 걱정하실 필요 없어요.

8 만약 변동이 생기면 제가 연락 드리겠습니다.

제2과 旅行日程表已经收到了。

보고 듣고 말하기 (听说读写) 🎧 02-6

* 녹음을 듣고 아래 그림을 보며 문제에 답해보세요.

号码	姓名(年龄)	户口	特殊情况	号码	姓名(年龄)	户口	特殊情况
1	李大爸(48)	上海	1-4 / 一家	2	李无话(25)	上海	1-4 / 一家
3	李活泼(22)	上海		4	孙优雅(45)	上海	
5	王积极(25)	青岛	5-8 / 同学	6	权利多(25)	青岛	5-8 / 同学
7	尹智慧(25)			8	申恩实(25)		
9	李美国(21)	杭州		10	露易斯(20)	杭州	美国人
⋮				⋮			
29		武汉		30		深圳	

1 这张是旅游团的名单。请回答问题。

❶ 王积极和权利多是什么关系?

___

❷ 李美国和露易斯是哪国人?

___

❸ 谁是李活泼的妈妈?

___

❹ 他们总共有多少名游客?

___

2 听后复述。(请参考上面(1)的答案回答) 🎧 02-7

　　这次的旅行团一共＿＿＿，女性＿＿＿，男性＿＿＿。他们＿＿＿不同的地方，＿＿＿也各有不同。其中李大爸、孙优雅、李无话、李活泼是一家人，李大爸、孙优雅是＿＿＿，李无话、李活泼是＿＿＿。王积极、权利多、尹智慧、申恩实是＿＿＿，李美国和露易斯是从杭州来的，他们是一起在浙江大学学习的同学。其中露易斯是＿＿＿，会一点儿中文。＿＿＿是从武汉、深圳等地来的旅客。

32

여행 안내 꿀팁! 한국편

한국여행 100배 즐기기

1. 가깝고 저렴한 여행비

한국은 중국에서 가장 가까운 이웃나라이기도 하지만 문화와 환경면에서는 다른 점이 참 많습니다. 중국과 한국은 인천공항, 김포공항 등으로 도착하는 직항이 다양하여 편리하게 이용할 수 있고 이 밖에도 다양한 배편이 있어 이용이 가능합니다. 또한 인터넷으로 모든 것을 예매할 수 있어 다양한 여행 상품 사이트를 활용하면 좋습니다. 단, 중국 여행객이 몰리는 춘지에(春节), 노동절(五一), 국경일(十一) 연휴를 피한다면 보다 저렴하게 한국 여행을 즐길 수 있음을 고객에게 설명할 필요가 있습니다.

2. 쇼핑의 천국

한국에서 가장 살 만한 물건이 무엇이냐고 물어보면 여성은 대부분 화장품과 패션 상품을 꼽습니다. 화장품은 다양한 브랜드에 저렴한 가격 경쟁력이 있고 옷이나 신발 그리고 가방 및 액세서리 모두 저렴한 가격이면서도 세련된 디자인을 고를 수 있어서 좋습니다. 그 외에 한국 전자제품의 품질이 우수하여 세계적으로 인정 받고 있어서 많은 요우커가 한국에 와서 다양한 전자제품을 구입하기도 합니다. 하지만 오기 전에 인터넷으로 직접 가격을 확인하고 중국에서 판매되는 제품과의 가격 차이 등을 확인해 보도록 안내하는 것이 좋습니다.

동대문시장에서 득템!

3. 이모! 반찬 더 주세요!

한국에서 중국인들이 신기해하는 것 중 하나는 모든 반찬이 무료라는 겁니다. 중국은 작은 음식에서부터 생수까지 모두 돈을 내야 하는 것에 비해 한국은 식당에서 제공하는 기본 반찬과 정수된 시원한 물은 무료이고, 또 얼마든지 리필이 가능합니다. 요즘은 대부분 셀프라서 물의 양이나 온도 모두 원하는 대로 마셔도 됩니다. 그리고 무엇보다도 요즘 관광지 식당에는 대부분 중국어 메뉴판이 있기 때문에 요우커들이 어디든 가도 굶지는 않을 것입니다.

이모~ 오늘의 백반 주세요!

4. 무료 전화 통역 서비스

한국에서 중국 친구들에게 적극적으로 활용하게 하고 싶은 서비스 중 하나가 바로 전화 통역 안내 서비스입니다. 관광공사의 관광 통역 안내 서비스 등을 비롯해서 bbb코리아까지 다양한 통역 서비스가 제공됩니다. 특히 bbb코리아는 1588-5644로 전화하면 19개 언어 서비스가 가능합니다. 각국 언어를 구사할 수 있는 봉사자들에게 랜덤으로 전화가 걸리는 것으로 24시간 이용이 가능하기 때문에 여행 시 활용하기 편리합니다.

제3과

欢迎欢迎!

NCS: 국내여행 행사 준비, 영접(Meeting), 차량 탑승 안내

학습목표 중국인 여행객을 공항에서 영접하고 전용 차량의 탑승 안내를 중국어로 말할 수 있다.

학습내용
1. 행사 물품 준비하기
2. 영접 사전 확인하기
3. 고객 맞이하기
4. 차량 탑승 안내하기

새단어 🎧 03-1

☐ 导游	dǎoyóu	명	여행가이드
☐ 旅游团	lǚyóutuán	명	여행단, 단체여행팀
☐ 移动	yídòng	동	이동하다
☐ 放心	fàngxīn	동	안심하다
☐ 休息	xiūxi	동	휴식하다, 쉬다
☐ 一会儿	yíhuìr		잠시(후), 잠깐
☐ 客人	kèrén	명	손님, 고객
☐ 准备	zhǔnbèi	동	준비하다
☐ 接(人)	jiē (rén)	동	마중하다
☐ 标示牌	biāoshìpái	명	표시판, 피켓
☐ 矿泉水	kuàngquánshuǐ	명	생수
☐ 广播	guǎngbō	동	방송하다
☐ 航班	hángbān	명	(배나 비행기의) 운항편
☐ 牌子	páizi	명	푯말, 표지판; 메이커
☐ 欢迎	huānyíng	동	환영하다
☐ 帅	shuài	형	잘생기다, 멋지다
☐ 不算	búsuàn		~한 편이 아니다
☐ 行李	xíngli	명	짐, 여행가방
☐ 宾馆	bīnguǎn	명	(규모가 비교적 큰) 여관, 호텔
☐ 大厅	dàtīng	명	로비

memo

꼭 외워야 할 기본문장

🔊 03-2

1 这次旅游团的移动就拜托你了。
Zhè cì lǚyóutuán de yídòng jiù bàituō nǐ le.

2 等客人来了就给你打电话。
Děng kèrén lái le jiù gěi nǐ dǎ diànhuà.

3 你准备好接客人的标示牌了吗?
Nǐ zhǔnbèi hǎo jiē kèrén de biāoshìpái le ma?

4 请你准备30瓶矿泉水，好吗?
Qǐng nǐ zhǔnbèi sānshí píng kuàngquánshuǐ, hǎo ma?

5 韩国航空HK111号航班已经到达金浦机场了。
Hánguó hángkōng HK111 hào hángbān yǐjīng dàodá Jīnpǔ Jīchǎng le.

6 看起来韩国男人长得真帅。
Kànqǐlái Hánguó nánrén zhǎng de zhēn shuài.

7 请把行李放在车旁边，上车吧。
Qǐng bǎ xíngli fàngzài chē pángbiān, shàng chē ba.

8 我帮你们把行李放在大厅里。
Wǒ bāng nǐmen bǎ xíngli fàngzài dàtīng li.

해석

1 이번 단체여행팀의 (차량) 이동을 부탁 드립니다.
2 고객이 오시면 전화 드릴게요.
3 고객 마중용 피켓은 준비했나요?
4 생수 30병 준비를 부탁 드려도 될까요?
5 한국항공 HK111 항공편이 (이미) 김포공항에 도착했습니다.
6 (보아 하니) 한국 남자들은 정말 잘 생겼구나.
7 짐을 차 옆쪽에 두고 승차해 주세요.
8 제가 여러분들의 짐을 로비까지 갖다 드릴게요.

회화1 🎧 03-3

导游 ❶这次旅游团的移动就拜托你了。
Zhè cì lǚyóutuán de yídòng jiù bàituō nǐ le.

李司机 放心吧，他们几点到金浦机场？
Fàngxīn ba, tāmen jǐ diǎn dào Jīnpǔ Jīchǎng?

导游 下午4点到达。
Xiàwǔ sì diǎn dàodá.

李司机 现在是3点半，还有时间。
Xiànzài shì sān diǎn bàn, háiyǒu shíjiān.

导游 休息一会儿吧，❷等客人来了就给你打电话。
Xiūxi yíhuìr ba, děng kèrén lái le jiù gěi nǐ dǎ diànhuà.

李司机 ❸你准备好接客人的标示牌了吗？
Nǐ zhǔnbèi hǎo jiē kèrén de biāoshìpái le ma?

导游 准备好了，还有❹请你准备30瓶矿泉水，好吗？
Zhǔnbèi hǎo le, háiyǒu qǐng nǐ zhǔnbèi sānshí píng kuàngquánshuǐ, hǎo ma?

李司机 好的。
Hǎo de.

广播 "❺韩国航空HK111号航班已经到达金浦机场了。"
"Hánguó Hángkōng HK111 hào hángbān yǐjing dàodá Jīnpǔ Jīchǎng le."

导游 dǎoyóu'는 '가이드', 司机 sījī'는 '운전기사'라는 뜻이다.

 회화2　　　　　　　　　　　　　　　　　　　　　　　🎧 03-4

| 王积极 | "棒棒旅行社"的牌子在哪儿？ |
| | "Bàngbàng Lǚxíngshè" de páizi zài nǎr? |

가이드 이름 '严英俊 Yán Yīngjùn'의 英俊은 스마트하고 잘생겼다는 뜻, 李活泼 Lǐ Huópō의 活泼는 활발하다는 의미의 형용사이다.

| 导游 | 欢迎欢迎，我是棒棒旅行社的导游严英俊。 |
| | Huānyíng huānyíng, wǒ shì Bàngbàng Lǚxíngshè de dǎoyóu Yán Yīngjùn. |

| 王积极 | 您好，这次拜托您了。 |
| | Nín hǎo, zhè cì bàituō nín le. |

'欧巴'는 중국에서 '오빠'라는 단어를 듣고 발음을 빌어서 만든 단어로 '哥哥'와 같은 뜻이다.

| 李活泼 | 哇，导游欧巴好帅呀！ |
| | Wā, dǎoyóu ōubā hǎo shuài ya! |

| 王积极 | 是呀，❻看起来韩国男人长得真帅。 |
| | Shì ya, kànqǐlái Hánguó nánrén zhǎng de zhēn shuài. |

| 导游 | 谢谢，我不算帅，明天我们去的地方帅哥更多。 |
| | Xièxie, wǒ búsuàn shuài, míngtiān wǒmen qù de dìfang shuàigē gèng duō. |

| 王积极 | 好期待这次韩国之行。 |
| | Hǎo qīdài zhè cì Hánguó zhī xíng. |

| 李活泼 | 我们在哪儿坐车？ |
| | Wǒmen zài nǎr zuò chē? |

导游	(打电话) 现在我们到了，啊，(车到了) 你已经到了呀，
	(Dǎ diànhuà) Xiànzài wǒmen dào le, a, (chē dào le) nǐ yǐjīng dào le ya,
	(向客人) ❼请把行李放在车旁边，上车吧。
	(xiàng kèrén) qǐng bǎ xíngli fàngzài chē pángbiān, shàng chē ba.

- 到了宾馆 -

| 李司机 | 大家好，❽我帮你们把行李放在大厅里。 |
| | Dàjiā hǎo, wǒ bāng nǐmen bǎ xíngli fàngzài dàtīng li. |

 말하기 (多说文章) 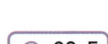 03-5

＊ 배운 내용을 활용하여 교체연습을 해보세요.

01 等客人来了(，)就给你打电话。

(주어) + 동사	동사(동작)
下车	去洗手间
上菜	叫你来
放假	去北京旅游
下课	去你家玩

Tip 等 + 동작 + 了(，)就

'等 + 동작 + 了(，)就' 구문은 '~하는 것을 기다렸다가 곧 ~하다'라고 직역할 수 있으나, 실제 의미는 앞 동사의 동작이 끝나면 곧바로 다른 동작이 이어진다는 의미가 있다. 여기서 '等(기다렸다가)'이라는 부분은 해석할 필요가 없다.

02 韩国航空HK111号航班已经到达金浦机场了。

항공사명	항공편명	공항명
大韩	KE094	仁川机场
韩亚	OZ8919	济州机场
东方	MU5052	浦东机场
中国国际	CA124	北京机场

Tip ○○航空××号航班

'○○航空××号航班'은 '어느 항공사의 몇 번 항공편'에 대한 표현 방식이다. 다양한 항공편의 중국어 발음과 숫자 읽기 연습을 하는 것이 필요하다. 항공편 번호는 숫자 하나하나씩 읽으면 되므로 0에서 9까지만 잘 연습하면 수월하게 발음할 수 있다. 위의 교체연습의 항공편은 현재 실제 운항되고 있는 항공편이다. 따라서 이 밖에도 주요 여행지의 국제공항명도 다양하게 검색해보고 익숙해지도록 학습해 두는 것이 좋겠다.

새단어

洗手间 xǐshǒujiān 명 화장실 | 上菜 shàngcài 동 음식을 내다 | 放假 fàngjià 동 방학하다, 휴가를 내다 |
仁川机场 Rénchuān Jīchǎng 명 인천(국제)공항 | 济州机场 Jìzhōu Jīchǎng 명 제주(국제)공항

03 看起来韩国男人长得真帅。

주어	묘사
美国男人	笑得很甜蜜
韩国女人	说话很亲切
中国女人	身材很苗条
中国男人	做事很周到

Tip 看起来 · 看上去 · 看来

'看起来', '看上去', '看来' 모두 '보아 하니'라고 해석하여, 의미상으로 평가나 예측을 표현할 수 있는 구문이다. 특히 여기서는 그 뒤에 정도보어로 그 평가의 결과를 표현하는 연습을 해 보도록 하자. 본문의 '看起来韩国男人长得真帅'는 '(보아 하니) 한국 남자들은 정말 잘 생겼구나'라는 뜻이다. 인물 혹은 사물에 대해 첫인상 등을 평가할 때 활용할 수 있으며 주로 긍정적 표현으로 많이 쓰므로, 연습해 보도록 한다.

04 请把行李放在车旁边，上车吧。

명사	放在 + 위치, 동사(동작)
书	放在桌子上，回家
机票	放在包里，上车
这件行李	放在车厢里，开车
他的书包	放在前面称一下

Tip 请(把 + 명사/대명사) + 동사 + 보어 + 吧

'请(把 + 명사/대명사) + 동사 + 보어 + 吧'는 '제발 ~을 ~해 주세요'라고 해석할 수 있다. 이때 '请(제발)'은 해석하지 않는 것이 더 자연스럽다. 대신 '请把' 사이에 '快'를 넣어서 '请快把……(빨리 ~해 주세요)'라고 쓸 수도 있다. 여기서 '把' 뒤에는 명사나 대명사가 올 수 있는데, 이때 명사가 수량사를 동반할 때, 즉 '一本书'라는 불특정 목적 대상을 지정할 수 없고 '这本书', '他的书', '那本书'처럼 지시대명사를 포함시키거나 한정어로 표현해야 한다. 여행 안내 시 고객에게 다음 행동을 부탁 혹은 지시할 때 자주 쓸 수 있는 문형이므로 필요한 구문은 미리 입에 익도록 연습해 본다.

새단어

亲切 qīnqiè 형 친절하다 | 甜蜜 tiánmi 형 달콤하다 | 身材 shēncái 명 몸매 | 苗条 miáotiao 형 늘씬하다 |
周到 zhōudào 형 세심하다 | 书包 shūbāo 명 책가방 | 称 chēng 동 (무게를) 측정하다, 재다 |
件 jiàn 양 옷, 짐을 세는 단위 | 车厢 chēxiāng 명 객실 칸 | 开车 kāichē 동 차를 몰다, 운전하다

1. 새 단어의 우리말 뜻을 보고 그에 맞는 중국어와 한어병음, 성조를 써본 후, 소리 내어 발음해보세요.

	우리말뜻	중국어	한어병음과 성조
1	여행가이드		
2	여행단, 단체여행팀		
3	이동하다		
4	안심하다		
5	휴식하다, 쉬다		
6	잠시(후), 잠깐		
7	손님, 고객		
8	준비하다		
9	마중하다		
10	표지판, 피켓		
11	생수		
12	방송하다		
13	(배나 비행기의) 운항편		
14	푯말, 표지판; 메이커		
15	환영하다		
16	잘생기다, 멋지다		
17	~한 편이 아니다		
18	짐, 여행가방		
19	(규모가 비교적 큰) 여관, 호텔		
20	로비		

2. 기본문장의 우리말 뜻을 보고 그에 맞는 중국어와 한어병음, 성조를 써본 후, 소리 내어 읽어보세요.

1 이번 단체여행팀의 (차량) 이동을 부탁드립니다.

2 고객이 오시면 전화 드릴게요.

3 고객 마중용 피켓은 준비했나요?

4 생수 30병 준비를 부탁드려도 될까요?

5 한국항공 HK111 항공편이 (이미) 김포공항에 도착했습니다.

6 (보아 하니) 한국 남자들은 정말 잘 생겼구나.

7 짐을 차 옆쪽에 두고 승차해 주세요.

8 제가 여러분들의 짐을 로비까지 갖다 드릴게요.

보고 듣고 말하기 (听说读写) 🎧 03-6

* 녹음을 듣고 아래 그림을 보며 문제에 답해보세요.

1 这是标示牌。请参考后回答问题。

❶ 无故电子公司欢迎谁?

_____

❷ 刘教授要访问谁?

_____

❸ 哪个人来自北京?

_____

❹ 无故电子公司的谁负责接客人?

_____

2 听后复述。(请参考上面(1)的答案回答) 🎧 03-7

> 王积极从机场出来看到三个 _____,第一个是无故电子公司的李主任欢迎 _____ 的中国西北大学团队的;第二个是棒棒旅行社的导游严英俊 _____ 从上海来的旅游团;最后一个就是高丽大学的李教授欢迎 _____ 刘教授的 _____。_____ 是第一次见面,但是看到严英俊导游亲自举着欢迎牌迎接我们,我们觉得很 _____。

여행 안내 꿀팁! 한·중 비교편

한국과 중국의 문화 비교!

1. 한국의 설과 중국의 춘절

한국의 설과 중국의 춘절은 단어만 다르지 날짜는 음력 1월 1일 같은 날입니다. 한국의 설은 보통 설날의 앞뒤 하루씩 총 3일을 공휴일로 지정하여 쉬지만, 중국의 춘절은 1년 중 가장 큰 명절로 짧게는 5일에서 길게는 1개월까지 쉬기도 합니다. 그럼 중국이 모든 명절을 그렇게 길게 쉴 수 있느냐면 그렇지는 않습니다. 몇 년 전부터 중국이 전통문화를 중시하기 위해서 청명절, 단오절, 중추절(우리의 추석) 등을 3일간 쉬게 되면서 상대적으로 다른 연휴 날짜가 줄어들게 되었습니다. 그 전에는 춘절에만 온 가족이 중국 각지에서 모일 수 있었기 때문이었는데, 이유는 무엇보다도 워낙 넓은 땅에서 비행기나 고속열차가 보편화되지 않았을 때에는 지역에 따라서 이동 시간만 편도에 1주일이 걸리기도 했기 때문입니다.

2. 빨간 봉투 vs 흰 봉투

중국 사람들이 빨간색을 좋아하는 것은 익히 들어 알고 있을 것입니다. 그래서 중국 사람들이 한국에 와서 깜짝 놀랄 때가 있습니다. 중국에서는 빨간색이 '吉(길)'한 색깔이고 흰색은 그렇지 않습니다. 그래서 축의금을 낼 때는 빨간색 봉투인 红包를 주로 사용하고, 조의금을 흰색 봉투 등에 넣어 전달하는데, 우리나라 사람들이 결혼식장에서 흰색 봉투에 돈을 넣는 것을 보면 정말 깜짝 놀란다고 합니다. 혹시 중국 여행을 가서 팁이나 축의금을 전달하실 일이 있다면 빨간색 봉투인 훙빠오를 활용해 보심이 어떨런지요.

길한 색깔인 빨간색

3. 한국 사람은 찬 것, 중국 사람은 따뜻한 것!

한국 사람들은 대체로 물은 시원하게 마시길 원하고 반찬도 냉장고에 보관할 수 있는 냉채류가 많은 편입니다. 이에 반해서 중국인들은 찬물이 건강에 좋지 않다고 생각해서 상온에서 보관한 음료나 따뜻한 차를 주로 마시며, 심지어 맥주도 미지근하게 마십니다. 음식도 주로 그날그날 볶아서 먹는 요리를 즐겨 먹는 편입니다.

4. 한국의 만두와 송편, 중국의 饺子와 月饼!

중국인들은 춘절에 교자(饺子)를, 중추절에 월병(月饼)을 먹고, 한국인들은 설날에 만두를, 추석에는 송편을 빚어서 먹는 풍속이 있습니다. 명절에 한국에 여행 온 중국 요우커를 만난다면 우리나라 전통 음식을 나눠 먹어 보는 것도 좋을 것 같습니다.

춘절에는 饺子(물만두)　　중추절엔 月饼(월병)

제4과

欢迎大家来到韩国的首都——首尔。

NCS: 차량 탑승 후 오리엔테이션

학습목표 여행 상품 및 단체의 특성을 파악하고 가이드 소개 등을 중국어로 말할 수 있다.

학습내용
1. 여행 상품 및 내용 확인하기
2. 가이드와 기사 소개하기
3. 여행 일정 소개하기
4. 단체 특성 확인하기

새단어 🎧 04-1

☐ 再次	zàicì	부	재차, 다시
☐ 首都	shǒudū	명	수도
☐ 为	wèi	개	~를 위해서
☐ 提供	tígōng	동	제공하다
☐ 首先	shǒuxiān	명	우선, 먼저
☐ 仁寺洞	Rénsì Dòng	지	인사동
☐ 逛一圈	guàng yì quān		한 바퀴 돌다
☐ 古老文化街	gǔlǎo wénhuà Jiē	명	옛 문화 거리
☐ 参观	cānguān	동	참관하다, 견학하다
☐ 当然	dāngrán	형	당연하다
☐ 地方	dìfang	명	지역, 지방, 곳
☐ 长大	zhǎngdà	동	자라다, 성장하다
☐ 虽然	suīrán	접	비록 ~일지라도
☐ 来自	láizì	동	~로부터 오다
☐ 五湖四海	wǔhú sìhǎi	성	전국 각지, 방방곡곡
☐ 武汉	Wǔhàn	지	우한[중국 호북성에 위치한 도시]
☐ 其他	qítā	명	기타 (등등)
☐ 感到	gǎndào	동	(감각 등으로) 느끼다
☐ 各位	gèwèi	명	여러분
☐ 住宿	zhùsù	동	묵다, 숙박하다

memo

꼭 외워야 할 기본문장 　🎧 04-2

1 欢迎大家来到韩国的首都——首尔。
Huānyíng dàjiā láidào Hánguó de shǒudū -- Shǒu'ěr.

2 我是这次为大家提供5天4夜乘车服务的李司机。
Wǒ shì zhè cì wèi dàjiā tígōng wǔ tiān sì yè chéngchē fúwù de Lǐ sījī.

3 我们首先去宾馆，安排好房间后，再去吃晚饭的地方。
Wǒmen shǒuxiān qù bīnguǎn, ānpái hǎo fángjiān hòu, zài qù chī wǎnfàn de dìfang.

4 仁寺洞是韩国古老文化街，去参观一下吧。
Rénsì Dòng shì Hánguó gǔlǎo wénhuà Jiē, qù cānguān yíxià ba.

5 我是首尔人，出生在首尔，在首尔长大。
Wǒ shì Shǒu'ěr rén, chūshēng zài Shǒu'ěr, zài Shǒu'ěr zhǎngdà.

6 虽然我们都是从上海来的，但是我们来自五湖四海。
Suīrán wǒmen dōu shì cóng Shànghǎi lái de, dànshì wǒmen láizì wǔhú sìhǎi.

7 我就会一点儿，请说慢点儿。
Wǒ jiù huì yìdiǎnr, qǐng shuō màn diǎnr.

8 如果有什么感到不方便的地方，请告诉我。
Rúguǒ yǒu shénme gǎndào bù fāngbiàn de dìfang, qǐng gàosu wǒ.

해석

1 여러분 대한민국의 수도, 서울에 오신 것을 환영합니다.
2 저는 이번 4박 5일간 여러분께 차량 서비스를 제공하게 된 이 기사입니다.
3 우리는 우선 호텔에 가서 방을 배정한 후, 다시 저녁식사 장소로 이동하겠습니다.
4 인사동은 한국 옛 문화 거리예요, 구경하러 가보시죠.
5 저는 서울 사람이에요, 서울에서 태어나서 서울에서 자랐어요.
6 비록 저희들은 모두 상하이에서 여행을 왔지만, 저희들은 각자 고향이 달라요.
7 저는 조금 할 줄 알아요, 좀 천천히 얘기해 주세요.
8 만약 불편한 점이 있으시면 반드시 제게 얘기해 주세요.

회화1 🎧 04-3

导游 再次❶欢迎大家来到韩国的首都——首尔！
Zàicì huānyíng dàjiā láidào Hánguó de Shǒudū ——Shǒu'ěr!

首尔时间比北京时间快一个小时，现在的时间是4点半。
Shǒu'ěr shíjiān bǐ Běijīng shíjiān kuài yí ge xiǎoshí, xiànzài de shíjiān shì sì diǎn bàn.

- 给李司机麦克风 -

李司机 大家好，❷我是这次为大家提供5天4夜乘车服务的李司机。
Dàjiā hǎo, wǒ shì zhè cì wèi dàjiā tígōng wǔ tiān sì yè chéngchē fúwù de Lǐ sījī.

> 우리말은 '4박5일', 중국어는 '5일4박'이라고 말한다.

全体 (鼓掌) 哇，我们现在去哪儿?
(gǔzhǎng) Wā, wǒmen xiànzài qù nǎr?

导游 ❸我们先去宾馆，安排好房间后，再去吃晚饭的地方。
Wǒmen xiān qù bīnguǎn, ānpái hǎo fángjiān hòu, zài qù chī wǎnfàn de dìfang.

权利多 啊，我们已经在飞机上吃过了，不太饿。
À, wǒmen yǐjīng zài fēijī shang chī guo le, bú tài è.

导游 不用担心，我们会在吃饭前先去仁寺洞逛一圈。
Bú yòng dānxīn, wǒmen huì zài chī fàn qián xiān qù Rénsì Dòng guàng yì quān.

权利多 这样啊，我在书上看过仁寺洞。
Zhè yàng a, wǒ zài shū shang kàn guo Rénsì Dòng.

导游 ❹仁寺洞是韩国古老文化街，去参观一下吧。
Rénsì Dòng shì Hánguó gǔlǎo wénhuà Jiē, qù cānguān yíxià ba.

 회화2

王积极	请问一下，导游是哪里人？ Qǐngwèn yíxià, dǎoyóu shì nǎ li rén?
导游	当然是韩国人。 Dāngrán shì Hánguórén.
王积极	哈哈哈，你是韩国哪个地方人？ Hāhāhā, nǐ shì Hánguó nǎ ge dìfang rén?
导游	❺我是首尔人，出生在首尔，在首尔长大。 Wǒ shì Shǒu'ěrrén, chūshēng zài Shǒu'ěr, zài Shǒu'ěr zhǎngdà.
王积极	❻虽然我们都是从上海来的，但是我们来自五湖四海，他们来自 Suīrán wǒmen dōu shì cóng Shànghǎi lái de, dànshì wǒmen láizì wǔhú sìhǎi, tāmen láizì 武汉，他们来自深圳，我们来自青岛，其他人都是上海人。 Wǔhàn, tāmen láizì Shēnzhèn, wǒmen láizì Qīngdǎo, qítā rén dōu shì Shànghǎirén.
导游	嗯，我已经知道了，可是李美国也是中国人吗？ Èng, wǒ yǐjīng zhīdào le, kěshì Lǐ Měiguó yě shì Zhōngguórén ma?
李美国	是，可我爸爸是中国人，妈妈是美国人。 Shì, kě wǒ bàba shì Zhōngguórén, māma shì Měiguórén.
王积极	这位汉语说得可真好。 Zhè wèi Hànyǔ shuō de kě zhēn hǎo.
李活泼	对！对！你朋友也会说汉语吗？ Duì! Duì! Nǐ péngyou yě huì shuō Hànyǔ ma?
露易斯	❼我就会一点儿，请说慢点儿。 Wǒ jiù huì yìdiǎnr, qǐng shuō màn diǎnr.
导游	好的，❽如果有什么感到不方便的地方，请告诉我。 Hǎo de, rúguǒ yǒu shénme gǎndào bù fāngbiàn de dìfang, qǐng gàosu wǒ.
李司机	各位，已经到达住宿的地方了，我们明天见。 Gèwèi, yǐjīng dàodá zhùsù de dìfang le, wǒmen míngtiān jiàn.
李活泼	哇，这宾馆真不错，李司机，明天见。 Wā, zhè bīnguǎn zhēn búcuò, Lǐ sījī, míngtiān jiàn.

말하기 (多说文章) 🎧 04-5

* 배운 내용을 활용하여 교체연습을 해보세요.

01 我是(这次)<u>为大家提供</u>5天4夜<u>乘车服务的李司机</u>。

명사/대명사	동사 + 담당 업무 + 的 + 사람
你们	提供住宿的李经理
同学们	提供客房服务的小王
公司	提供早餐的权厨师
学校	负责清洁卫生的孙阿姨

Tip 为…… + 동사 + 담당 업무 + 的 + 사람

'~를 위해서 ~을 하는 (누구)이다'라는 표현을 익혀보도록 한다. 여행 안내를 하다보면 자신에 대해서 소개하거나 서비스를 제공하는 사람, 혹은 협력업체 관계자를 소개해야 할 때가 있다. 그때 위의 구문을 활용해서 소개해 보도록 한다.

02 我们<u>先去宾馆</u>，<u>再去吃晚饭的地方</u>。

동작1	동작2
去景福宫	去仁寺洞
去图书馆	去商店
买礼物	去吃饭的地方
逛一圈	去朋友家

Tip 先A, 再B

'先A, 再B'는 '우선 A하고 다음에 B한다'는 표현으로 '先 + A, 然后 + B'와 같은 맥락의 표현이다. 이렇게 동작의 선후 순서를 다루는 표현은 앞에서 배운 '(等)A了(,)就B' 구문도 해당되는데, '~한 후에 곧바로 어떤 것을 한다'는 표현이라고 배웠다. 이 구문은 위의 구문보다도 뒤에 오는 동작이 시간차 없이 바로 발생한다는 뜻이 가미된 것이기도 하므로, 상황에 따라 각각 활용하면 좋겠다. 또한 본 구문은 여행 일정을 소개할 때 자주 활용하는 표현이므로 반드시 숙지하도록 한다.

새단어

住宿 zhùsù 동 묵다, 숙박하다 | 客房服务 kèfáng fúwù 룸서비스 | 负责 fùzé 동 책임지다 |
清洁 qīngjié 형 깨끗하다, 청결하다 | 卫生 wèishēng 명 위생 | 早餐 zǎocān 명 아침밥 |
厨师 chúshī 명 요리사, 조리사

03 我是首尔人，出生在首尔，在首尔长大。

명사/대명사(사람)
她
他
我的男朋友
那个人

장소
北京
上海
华盛顿
巴黎

Tip 중국은 우리와 다르게 출생지나 고향을 나이보다 먼저 묻는 경우가 많다. 지금은 완화되었지만 바로 '호구 제도'의 영향도 컸을 것이고 지역마다 사람들의 특색과 말조차도 다르기 때문일 것이다. 만약 중국인이 여러분의 중국어를 듣고 '어디 사람이니?(你是哪儿人?)'라고 물었다면 여러분의 중국어가 중국인처럼 느껴진 것일 수도 있다. 물론 워낙 지역이 넓고 사투리가 많아서 자신과 다른 발음이나 단어를 구사하면 이렇게 물어볼 수도 있으니 자만하지 말아야 한다.

04 虽然我们是从上海来的，但是我们来自五湖四海。

비록 ~일지라도
他是学生
最近我很累
我出国留学
我们的旅程很辛苦

그러나 ~하다
自己赚钱上学
从来没迟到过
不会忘记自己的国家
一定要享受景色

Tip 虽然A, 但是B

'비록 ~일지라도 그러나 ~하다'라는 표현으로 '虽然A, 但是B'의 표현은 접속사를 연습할 때 기본적으로 구사할 수 있어야 하는 구문이기도 하다. '虽然' 대신 '尽管'이나 '即使'를 쓰거나 '但是' 대신 '可是'나 '不过'를 활용할 수 있고 의미는 강도의 차이는 있으나 비슷하다. 여행 안내시 힘든 여정이 있을 때 '비록 ~하지만 그러나 좋은 점이 있다'의 내용을 구성해서 분위기를 전환할 수 있으므로 다양한 단어를 교체해서 연습해 보자.

새단어

华盛顿 Huáshèngdùn 지 워싱턴 | 巴黎 Bālí 지 파리 | 赚钱 zhuànqián 동 돈을 벌다 | 旅程 lǚchéng 명 여정 |
享受 xiǎngshòu 동 누리다, 즐기다 | 景色 jǐngsè 명 풍경, 경치

제4과 欢迎大家来到韩国的首都——首尔。 53

쓰기 (写说写说)

1. 새 단어의 우리말 뜻을 보고 그에 맞는 중국어와 한어병음, 성조를 써본 후, 소리 내어 발음해보세요.

	우리말뜻	중국어	한어병음과 성조
1	재차, 다시		
2	수도		
3	~를 위해서		
4	제공하다		
5	우선, 먼저		
6	인사동		
7	한 바퀴 돌다		
8	옛 문화 거리		
9	참관하다, 견학하다		
10	당연하다		
11	지역, 지방, 곳		
12	자라다, 성장하다		
13	비록 ~일지라도		
14	~로부터 오다		
15	전국 각지, 방방곡곡		
16	우한		
17	기타 (등등)		
18	(감각 등으로) 느끼다		
19	여러분		
20	묵다, 숙박하다		

2. 기본문장의 우리말 뜻을 보고 그에 맞는 중국어와 한어병음, 성조를 써본 후, 소리 내어 읽어보세요.

1 여러분 대한민국의 수도, 서울에 오신 것을 환영합니다.

2 저는 이번 4박 5일간 여러분께 차량 서비스를 제공하게 된 이기사입니다.

3 우리는 우선 호텔에 가서 방을 배정한 후, 다시 저녁식사 장소로 이동하겠습니다.

4 인사동은 한국 옛 문화 거리예요, 구경하러 가보시죠.

5 저는 서울 사람이에요, 서울에서 태어나서 서울에서 자랐어요.

6 비록 저희들은 모두 상하이에서 여행을 왔지만, 저희들은 각자 고향이 달라요.

7 저는 조금 할 줄 알아요, 좀 천천히 얘기해 주세요.

8 만약 불편한 점이 있으시면 반드시 제게 얘기해 주세요.

보고 듣고 말하기 (听说读写)

* 녹음을 듣고 아래 그림을 보며 문제에 답해보세요.

号码	姓名 (年龄)	房号	号码	姓名 (年龄)	房号
1	李大爸(48)	801	2	李活泼(22)	803
	李无话(25)			孙优雅(45)	
3	王积极(25)	802	4	尹智慧(25)	804
	权利多(25)			申恩实(25)	
⋮			⋮		
14	李美国(21)	805	15	露易斯(20)	806
	王胖胖(22)			安起勋(20)	

1 这是旅行团的房间安排。请回答问题。

① 他们旅行团总共需要几个房间?

② 为什么尹智慧和申恩实安排在一起?

③ 上面的房间安排中, 有不恰当的地方吗?

④ 请调整房间的安排。

새단어 双数 shuāngshù 짝수 | 单数 dānshù 홀수

2 听后复述。(请参考上面(1)的答案回答)

　　他们一共预定了 _____ , 所有的房间都在韩国大酒店8层, 2人1室的标准间。李大爸和李无话住在 _____ , 李活泼和孙优雅住在803号, 房间都是双数挨着 _____ , _____ 挨着 _____ 。可是李美国和露易斯没有安排到同一个房间。从武汉来的王胖胖和安起勋也应该 _____ , 导游发现这个问题后立刻去酒店前台协调。

여행 안내 꿀팁! 한국편

중국인이 오해하는 한국!

1. 한국은 성형 천국?!

모든 한국 여성이나 연예인은 성형수술을 하나요? 요즘은 남자들도 성형수술을 한다면서요? 중국 친구들이 자주 하는 질문입니다. 아마도 요즘 중국 TV에서 한국의 성형 기술이나 성형 성공담을 방송하는 등 한국의 성형 기술을 널리 알리고 관광 마케팅 효과로 활용하고 있어서 이런 오해를 하는 것 같습니다. 우리나라의 의료 관광이 수익을 올리는 것은 좋지만 모든 한국인이 성형미남미녀라고 오해받는 것은 우려가 되는 일입니다. 게다가 많은 연예인들의 예쁜 얼굴과 늘씬한 몸매가 모두 성형 기술로 이뤄지는 것이 아니라 본인의 피나는 노력이라는 것을 몰라주는 것은 억울한 일이 될 것 같아요.

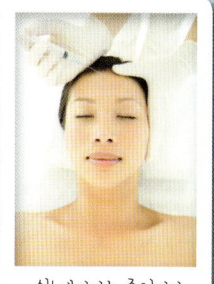

쉿! 예뻐지는 중입니다~

2. 한국 남자들은 집안일을 하지 않는다?!

아~! 힘든 집안일!

1990년대 이전을 배경으로 하는 한국 드라마도 중국에 수출되어 많은 사랑을 받았어요. 그 중의 대표적인 작품이 아마 '사랑이 뭐길래'일 겁니다. 이 드라마에서는 주인공 대발이와 대발이 아빠의 가부장적인 모습이 그려져 집안일은 물론 여자가 할 일과 남자가 할 일을 구분하는 등의 극중 장면이 눈에 띄었는데, 이 드라마에서도 사실 그 가부장적인 문화가 점점 바뀌어가는 모습을 그렸음에도 불구하고 중국 사람들에게는 한국의 남성들이 여전히 권위적이라고 생각하는 부분이 있습니다. 상대적으로 중국에서는 남자들이 주로 가사일을 함께 하는 풍토가 있어서라지만 중국 전역이 다 그런 것이 아니고 지역마다 특색이 다른데도 말입니다. 가장 풀렸으면 하는 한국에 대한 오해라고 생각됩니다.

3. 한국인은 모두 애국자다?!

한국이 경제 위기나 정치·외교적 위기를 맞았을 때 한국인들이 보여준 모습이나 2002년 월드컵 때 모두가 하나로 단결하는 모습을 기억하는 중국인들은 '한국인은 모두 애국자'라고 생각하더라고요. 또 한우가 비싼데도 한우를 주로 사 먹고, 국산 자동차만 주로 타는 모습은 한국 사람들의 애국정신이 투철하다고 느껴지는 부분인 것 같습니다. 그럴 때마다 저는 한우가 비싼 것은 사육과 유통상의 문제이지만 맛있고 영양가가 높아서라고 하고, 국산자동차 애용에 대해서는 가성비가 훌륭하기 때문이라고 이야기해 줍니다.

2002년 한일 월드컵 때

열심히 응원하는 붉은 악마들!

KOREA

제5과

大家对房间满意吗?

NCS: 국내여행 안내 진행
 - 숙박 안내하기
   국내여행 고객 만족 관리

학습목표 국내여행 안내 행사 진행을 위해 숙박에 관하여 중국어로 안내할 수 있다.

학습내용
1. Rooming List 확인하기
2. 객실 사용방법 안내하기
3. 고객 만족 관리하기
4. 이후 일정 소개하기
5. 호텔 주변 관광지 안내하기

새단어 🎧 05-1

☐ 各自	gèzì	명	각자
☐ 检查	jiǎnchá	동	검사하다
☐ 客房	kèfáng	명	객실
☐ 原来	yuánlái	부	원래, 본래는
☐ 门童	méntóng	명	벨보이
☐ 拿过来	náguòlai		가져오다
☐ 需要	xūyào	동	필요하다
☐ 整理	zhěnglǐ	동	정리하다
☐ 集合	jíhé	동	집합하다, 모이다
☐ 开衫	kāishān	명	카디건
☐ 满意	mǎnyì	형	만족하다
☐ 异味	yìwèi	명	이상한 냄새
☐ 干净	gānjìng	형	깨끗하다, 청결하다
☐ 随身	suíshēn	동	휴대하다
☐ 物品	wùpǐn	명	물품
☐ 小旗子	xiǎoqízi	명	작은 깃발
☐ 注意	zhùyì	동	주의하다
☐ 带	dài	동	(몸에) 지니다
☐ 走着去	zǒuzhe qù		걸어서 가다

memo

 꼭 외워야 할 기본문장 — 🎧 05-2

1 宾馆的房间已经安排好了。
Bīnguǎn de fángjiān yǐjīng ānpái hǎo le.

2 我要检查大家的客房情况。
Wǒ yào jiǎnchá dàjiā de kèfáng qíngkuàng.

3 给也行，不给也行。
Gěi yě xíng, bù gěi yě xíng.

4 你们先整理好行李，然后在大厅集合。
Nǐmen xiān zhěnglǐ hǎo xíngli, ránhòu zài dàtīng jíhé.

5 晚上会有点儿冷，最好准备一件开衫。
Wǎnshang huì yǒudiǎnr lěng, zuìhǎo zhǔnbèi yí jiàn kāishān.

6 大家对房间满意吗?
Dàjiā duì fángjiān mǎnyì ma?

7 请准备好随身物品，一定要跟着这个小旗子走。
Qǐng zhǔnbèi hǎo suíshēn wùpǐn, yídìng yào gēnzhe zhè ge xiǎoqízi zǒu.

8 走着去仁寺洞需要多长时间?
Zǒuzhe qù Rénsì Dòng xūyào duōcháng shíjiān?

해석

1 호텔 방 배정을 이미 끝냈습니다.
2 제가 여러분의 객실 상황을 체크(검사)해야 합니다.
3 주셔도 되고 안 주셔도 됩니다.
4 여러분들은 짐을 정리하시고 6시 전에 로비에 모여주세요.
5 저녁에 조금 추울 수 있으니 카디건을 준비하시는 것이 좋겠습니다.
6 여러분 방은 만족스러우신가요?
7 개인 휴대 물품을 잘 준비하시고 반드시 이 깃발을 따라 오셔야 합니다.
8 걸어서 인사동에 가려면 얼마나 걸리나요?

 회화1

导游	❶宾馆的房间已经安排好了，你们先去各自的房间等我一下。
	Bīnguǎn de fángjiān yǐjīng ānpái hǎo le, nǐmen xiān qù gèzì de fángjiān děng wǒ yíxià.
李大爸	为什么？
	Wèishénme?
导游	❷我要检查大家的客房情况。
	Wǒ yào jiǎnchá dàjiā de kèfáng qíngkuàng.
王积极	原来是这样啊，那位门童把行李拿过来需要给小费吗？
	Yuánlái shì zhè yàng a, nà wèi méntóng bǎ xíngli náguòlai xūyào gěi xiǎofèi ma?
导游	❸给也行，不给也行。
	Gěi yě xíng, bù gěi yě xíng.
王积极	那就给些吧。
	Nà jiù gěi xiē ba.
导游	谢谢！❹你们先整理好行李，6点前在大厅集合。
	Xièxie! Nǐmen xiān zhěnglǐ hǎo xíngli, liù diǎn qián zài dàtīng jíhé.
全体	好的，一会儿见。
	Hǎo de, yíhuìr jiàn.
导游	❺晚上会有点儿冷，最好准备一件开衫。
	Wǎnshang huì yǒudiǎnr lěng, zuìhǎo zhǔnbèi yí jiàn kāishān.

 회화2 05-4

导游 ❶大家对房间满意吗?
Dàjiā duì fángjiān mǎnyì ma?

李美国 是的，没有异味，很干净。
Shì de, méiyǒu yìwèi, hěn gānjìng.

导游 那真是太好了，那么我们现在就出发吧。
Nà zhēn shì tài hǎo le, nàme wǒmen xiànzài jiù chūfā ba.

❷请准备好随身物品，一定要跟着这个小旗子走。
Qǐng zhǔnbèi hǎo suíshēn wùpǐn, yídìng yào gēnzhe zhè ge xiǎoqízi zǒu.

权利多 今晚我们吃什么?
Jīnwǎn wǒmen chī shénme?

王积极 刚才听导游说吃参鸡汤，你没注意听?
Gāngcái tīng dǎoyóu shuō chī shēnjītāng, nǐ méi zhùyì tīng?

权利多 不好意思，那可是我最想吃的。
Bùhǎoyìsi, nà kěshì wǒ zuì xiǎng chī de.

导游 我会带你们去吃"首尔有名村"的参鸡汤。
Wǒ huì dài nǐmen qù chī "Shǒu'ěr Yǒumíngcūn" de shēnjītāng.

李美国 ❸走着去仁寺洞需要多长时间?
Zǒuzhe qù Rénsì Dòng xūyào duōcháng shíjiān?

导游 走着去需要5分钟，从那儿再走5分钟可以到饭店。
Zǒuzhe qù xūyào wǔ fēnzhōng, cóng nàr zài zǒu wǔ fēnzhōng kěyǐ dào fàndiàn.

全体 好的，我们都跟着你走。
Hǎo de, wǒmen dōu gēnzhe nǐ zǒu.

말하기 (多说文章) 🎧 05-5

* 배운 내용을 활용하여 교체연습을 해보세요.

---

01 给也行，不给也行。

동사	동사
去	不去
吃	不吃
做	不做
买	不买

Tip A也行，B也行

여행 안내를 하다 보면 고객들의 다양한 질문을 받게 된다. 그때 딱 답이 있는 것이 아닐 때, '이것도 되고 저것도 된다'라는 표현을 쓸 수 있다. 본 표현은 동사의 긍정과 부정을 연결해서 '해도 되고 안 해도 되고'의 뜻이 되며 보통 동작을 진행하는 주체가 결정하면 된다는 의미로 쓰인다.

---

02 晚上会有点儿冷，最好准备一件开衫。

~할 수 있으니	준비물
今天会有大雨	一把伞
明天会有点儿热	一瓶水
钱会有点儿不够	一笔钱
夜里会有点儿饿	一些饼干

Tip 最好 + 동사구

여행 안내에서의 중요한 업무 중 하나는 현지에 대한 정보가 미비한 여행객에게 유용한 정보를 주는 것이다. 어느 지역에서 여행을 왔느냐에 따라서 여행지를 춥게 느낄 수도 덥게 느낄 수도 있고, 현지 정보를 얻기 어려운 관광객에게 날씨 정보는 물론, 여행 일정에 따라서 컨디션에 맞도록 정보를 제공하는 것 또한 여행 안내사의 업무 중 하나이다. '最好'는 '제일 좋기로는 ~' 또는 '~하는 것이 제일 좋다'의 뜻이므로 이 표현을 활용하여 고객에게 최선의 정보를 제공하고자 하는 표현을 익혀보자. '수사 + 양사 + 명사' 형식에서 수량사 '一'는 생략이 가능하다.

새단어

不够 búgòu 부족하다 | 一把伞 yì bǎ sǎn 우산 한 개 | 一笔钱 yì bǐ qián 한 몫의 돈 |
饼干 bǐnggān 명 비스킷, 과자

03 大家对房间满意吗？

대상	형용사/동사
客车	满意
旅游日程	有意见
韩国化妆品	有兴趣
中国京剧	感兴趣

Tip 对 + 대상 + 동사

'对 + 대상 + 동사'는 '~에 대해서 (동사)하다'는 표현으로, '对'와 위에 제시한 동사를 결합하여 '~에 대해 만족하다', '~에 대해 의견이 있다', '~에 흥미를 갖다', '~에 흥미를 느끼다' 등 다양한 표현으로 연결해서 연습할 수 있다. 여행 안내사는 여행객의 만족도를 최대한으로 끌어올려야 하는 직업이다. 여행의 만족도를 체크할 수 있도록 다양한 중국어 표현을 익혀보자.

04 走着去仁寺洞需要多长时间？

교통수단 + 장소	시간
坐车去明洞	几分钟？
坐客车去釜山	几个小时？
骑车去东大门	一个多小时。
坐飞机去海南岛	五个小时。

Tip 需要 + 소요 시간

'需要 + 소요 시간'의 표현을 쓰면 '어떤 교통수단을 이용해서 어디를 가는 데 얼마가 걸린다'는 표현이다. 전체 문장으로 말할 때에는 '교통수단 + 목적지 + 需要 + 소요 시간'의 순서로 여행 중간중간에 다음 행선지 등의 소요 시간을 확실하게 공지함으로써 여행객들이 불안감이나 궁금증을 가지지 않도록 미리 체크할 수 있다.

새단어

化妆品 huàzhuāngpǐn 명 화장품 | 京剧 jīngjù 명 경극(중국 주요 전통극의 하나) |
海南岛 Hǎinándǎo 지 하이난섬(중국 하이난 성을 구성하는 섬)

1. 새 단어의 우리말 뜻을 보고 그에 맞는 중국어와 한어병음, 성조를 써본 후, 소리 내어 발음해보세요.

	우리말뜻	중국어	한어병음과 성조
1	각자		
2	검사하다		
3	객실		
4	원래, 본래는		
5	벨보이		
6	가져오다		
7	필요하다		
8	정리하다		
9	집합하다, 모이다		
10	카디건		
11	만족하다		
12	이상한 냄새		
13	깨끗하다, 청결하다		
14	휴대하다		
15	물품		
16	작은 깃발		
17	주의하다		
18	(몸에) 지니다		
19	걸어서 가다		

2. 기본문장의 우리말 뜻을 보고 그에 맞는 중국어와 한어병음, 성조를 써본 후, 소리 내어 읽어보세요.

1 호텔 방 배정을 이미 끝냈습니다.

2 제가 여러분의 객실 상황을 체크(검사)해야 합니다.

3 주셔도 되고 안 주셔도 됩니다.

4 여러분들은 짐을 정리하시고 6시 전에 로비에 모여주세요.

5 저녁에 조금 추울 수 있으니 카디건을 준비하시는 것이 좋겠습니다.

6 여러분 방은 만족스러우신가요?

7 개인 휴대 물품을 잘 준비하시고 반드시 이 깃발을 따라 오셔야 합니다.

8 걸어서 인사동에 가려면 얼마나 걸리나요?

 보고 듣고 말하기 (听说读写) 　　　　　　　　　🎧 05-6

* 녹음을 듣고 아래 그림을 보며 문제에 답해보세요.

准备项目	负责人		准备项目	负责人	
游客名单	时事旅行社	✓	护照	个人	✓
Rooming List	时事旅行社	✓	济州往返机票	棒棒旅行社	
小旗子	严英俊	✓	油费	严英俊	✓
矿泉水	李司机	✓	饭费	严英俊	✓
姓名牌	严英俊	✓	门票费	严英俊	✓
饭店、食堂联系	棒棒旅行社	✓			
备注:					

1 这是由严导游来准备的旅游物品计划表。请回答问题。

❶ 游客名单都准备好了吗?

_____

❷ 严英俊导游负责准备了什么?

_____

❸ 谁负责联系食宿了吗?

_____

❹ 哪个项目还没准备好?

_____

2 听后复述。(请参考上面(1)的答案回答) 　　　　　　　🎧 05-7

> 　　严英俊导游做了一_____接到旅行团后_____相关负责人和需要准备物品的_____,为中国的时事旅行社提供这次旅行团所有游客姓名的清单。韩国_____预定酒店、联系饭店,还有济州岛的往返机票,但是去济州岛的机票还没有准备好。在导游去_____的时候李司机负责准备30瓶矿泉水,还有严英俊导游已经准备好了_____。

여행 안내 꿀팁! 중국편

한국인이 오해하는 중국과 중국인

1. 쇼핑을 너무너무 좋아한다!?

중국 사람들은 쇼핑을 너무나 좋아해서 한 번 오면 전기밥솥, 화장품, 명품가방 등 엄청나게 많이 사갑니다. 사실 많이 사기는 합니다. 그렇지만 사실은 다른 이유가 있는 사람들이 더 많습니다. 예를 들어서, 전기밥솥은 지인에게 주문을 받아서 가져가 팔기도 하고 인터넷에 올리기도 합니다. 화장품도 친구들에게 주문을 받아서 사 가고 화장품 상점에서 받은 샘플은 본인이 쓴다든가 하는 등 매우 경제적인 활동에 활용하는 경우가 많다는 것입니다. 이처럼 일반적으로 그들이 무차별하게 물건을 사는 것이 아니라, 다른 경제 활동에 활용하여 여행 경비를 절감하는 데 활용하기도 하는 등 매우 실용적인 사고 방식을 가진 경우가 많습니다. 따라서 중국인 여행객을 무작정 큰손이라고만 포커스를 맞춘다면 마케팅에 실패할 수 있습니다.

쇼핑도 실용적이고 경제적으로!

2. 중국어는 시끄럽다!?

중국어는 한국어에 비해서 상대적으로 시끄럽게 들리기는 합니다. 중국어는 우리말에 비해서 신체의 다양한 부분까지 써서 소리를 내고 울림 소리가 많아서 큰 소리로 들리기 쉽습니다. 특히나 사람들이 많아지면 성조 등의 높낮이 소리가 서로 얽혀서 더 불협화음처럼 들리기 마련입니다. 그런데 여행을 다니다 보면 중국어 말고도 시끄러운 언어나 웃음소리가 특이한 나라도 많습니다. 중국어의 특징을 이해하고 상대방의 문화를 인정하는 것이 요우커에 대한 그리고 우리나라를 찾아준 손님에 대한 예의가 아닐까 합니다.

3. 중국인은 친절하지 않다?!

중국인은 친구가 되기까지 어렵지만 친구가 되면 친절과 관심을 떠나서 가족과 같이 대해주는 특징이 있습니다. 물론 친절한 서비스에 관해서는 아무래도 우리나라보다는 부족한 점이 조금 있을 수도 있지만 모두가 친절하지 않은 것은 아닙니다. 다만 모르는 사람에게 환히 웃지는 않는 편입니다. 그러나 어려움을 겪는 외국인을 그냥 지나쳐 가는 중국인을 본 적은 거의 없으니 웃지 않는 얼굴 때문에 친절하지 않다고 단정하지 말아 주세요.

맛있는 중국 음식! 기름기 No No~

4. 중국 음식은 모두 기름지다?!

네, 매우 기름집니다! 대체로 신선한 채소와 식재료를 식사할 때마다 빠르게 볶아서 먹는 음식 문화가 있습니다. 주로 기름을 사용하고 사용량도 어마어마합니다. 그렇기 때문에 중국인들은 차 문화가 발달했습니다. 우리나라 사람들은 맛있다고 중국 음식을 한국 음식 먹듯이 하거나 따뜻한 차 없이 다량을 먹었다가는 몸무게를 순식간에 증가시키는 또 다른 '오일 쇼크'를 만나실 수도 있습니다.

제6과

现在为大家介绍一下今天的行程。

NCS: 일정 소개하기,
　　　현지 주의사항 안내하기

학습목표 관광객들에게 당일 일정을 소개하고 문화 차이 등과 관련한 주의사항을 중국어로 설명할 수 있다.

학습내용
1. 일정 안내하기
2. 문화 차이 안내하기
3. 일정 중 주의사항 안내하기
4. 개인 행동에 대한 주의사항 안내하기

새단어 🎧 06-1

海外	hǎiwài	명	해외
自助餐	zìzhùcān	명	뷔페(식) 식사
变胖	biànpàng	부	(몸이) 뚱뚱해지다, 살찌다
饭菜	fàncài	명	식사, 밥과 반찬
特别	tèbié	부	특별히, 특히
行程	xíngchéng	명	여정, 노정
凉水	liángshuǐ	형	냉수, 찬물
喝得惯	hēdeguàn		(습관이 되어) 마실 수 있다
既然	jìrán	접	기왕 ~된 바에야
防止	fángzhǐ	동	방지하다, 예방하다
腹泻	fùxiè	명	설사
N首尔塔	N Shǒu'ěr Tǎ	명	N 서울타워
全景	quánjǐng	명	전경, 파노라마
缆车	lǎnchē	명	케이블카
按照	ànzhào	개	~에 따라서, ~에 의해서
往返	wǎngfǎn	동	왕복하다
由于	yóuyú	접	~때문에, ~으로 인해
紧	jǐn	형	(시간이) 빡빡하다, 촉박하다
景福宫	Jǐngfú Gōng	명	경복궁
烤牛肉	kǎoniúròu		불고기

memo

72

꼭 외워야 할 기본문장 ──────────── 🎧 06-2

1 早上好，晚上休息得怎么样？
Zǎoshang hǎo, wǎnshang xiūxi de zěnmeyàng?

2 这里经常有海外客人入住，早餐是自助餐。
Zhè li jīngcháng yǒu hǎiwài kèrén rùzhù, zǎocān shì zìzhùcān.

3 听说韩国食堂的饭菜特别少，我买了很多点心。
Tīngshuō Hánguó shítáng de fàncài tèbié shǎo, wǒ mǎi le hěn duō diǎnxin.

4 既然来了韩国，我就想跟韩国人一样喝凉水。
Jìrán lái le Hánguó, wǒ jiù xiǎng gēn Hánguórén yíyàng hē liángshuǐ.

5 为了防止腹泻，最好少喝点儿。
Wèile fángzhǐ fùxiè, zuìhǎo shǎo hē diǎnr.

6 早上天气好，在塔上可以看到首尔全景。
Zǎoshang tiānqì hǎo, zài tǎ shang kěyǐ kàndào Shǒu'ěr quánjǐng.

7 按照日程表，我们坐缆车往返。
Ànzhào rìchéngbiǎo, wǒmen zuò lǎnchē wǎngfǎn.

8 由于时间比较紧，只能看一下价格。
Yóuyú shíjiān bǐjiào jǐn, zhǐnéng kàn yíxià jiàgé.

해석

1 좋은 아침이에요, 저녁에 잘 쉬셨나요?
2 이곳은 외국 손님들이 자주 숙박하셔서 아침은 뷔페예요.
3 듣자 하니 한국 식당의 음식량이 매우 적다고 해서 제가 간식을 많이 샀어요.
4 기왕 한국에 왔으니 저도 한국 사람처럼 차가운 물을 마셔 보고 싶어요.
5 배탈을 방지하기 위해서 적게 마시는 게 좋습니다.
6 아침 날씨가 좋아서 타워에서 서울 전경을 보실 수 있을 거예요.
7 일정표에 따라서 우리들은 케이블카로 왕복할 거예요.
8 시간이 비교적 빠듯하기 때문에 가격만 좀 볼 수 있어요.

회화1

🎧 06-3

导游 ❶早上好！昨晚休息得怎么样？
Zǎoshang hǎo! Zuówǎn xiūxi de zěnmeyàng?

孙优雅 早上好！早餐非常好吃，还有中餐。
Zǎoshang hǎo! Zǎocān fēicháng hǎochī, háiyǒu zhōngcān.

'中餐'은 점심이 아닌 '중국음식'이란 뜻이고 '점심'은 '午餐'이라고 한다. 참고로 아침식사는 '早餐', 저녁식사는 '晚餐'이다.

导游 有的，❷这里经常有海外游客入住，早餐是自助餐。
Yǒude, zhè li jīngcháng yǒu hǎiwài yóukè rùzhù, zǎocān shì zìzhùcān.

'入住'는 '(호텔 등에서) 숙박하다'의 뜻으로 4과에서 배운 '住宿'와 바꿔 쓸 수 있다.

李活泼 要是这样我会变胖呀。
Yàoshi zhè yàng wǒ huì biànpàng ya.

❸听说韩国食堂的饭菜都特别少，我买了很多点心，给你一些吧。
Tīngshuō Hánguó shítáng de fàncài dōu tèbié shǎo, wǒ mǎi le hěn duō diǎnxin, gěi nǐ yìxiē ba.

'点心'은 '간식거리'를 가리키며, '딤섬(dimsum)'의 뜻도 있다.

导游 谢谢。我们现在要坐车出发啦。现在为大家介绍下今天的行程。
Xièxie. Wǒmen xiànzài yào zuò chē chūfā la. Xiànzài wèi dàjiā jièshào xià jīntiān de xíngchéng.

李活泼 导游欧巴，我也想喝点儿凉水。
Dǎoyóu ōubā, wǒ yě xiǎng hē diǎnr liángshuǐ.

'孙优雅 Sūn Yōuyǎ'의 '优雅'는 '우아하다'라는 의미의 형용사이다.

导游 你喝得惯吗？
Nǐ hēdeguàn ma?

李活泼 ❹既然来了韩国，我就想像韩国人一样喝凉水。
Jìrán lái le Hánguó, wǒ jiù xiǎng xiàng Hánguórén yíyàng hē liángshuǐ.

导游 ❺为了防止腹泻，最好少喝点儿。
Wèile fángzhǐ fùxiè, zuìhǎo shǎo hē diǎnr.

李活泼 好的。
Hǎo de.

导游	今天我们先去N首尔塔。
	Jīntiān wǒmen xiān qù N Shǒu'ěr Tǎ.
	❻早上天气好，在塔上可以看到首尔全景。
	Zǎoshang tiānqì hǎo, zài tǎ shang kěyǐ kàndào Shǒu'ěr quánjǐng.
李美国	要坐缆车吗？
	Yào zuò lǎnchē ma?
导游	是的，就❼按照日程表，我们先坐缆车往返，然后去明洞。
	Shì de, jiù ànzhào rìchéngbiǎo, wǒmen xiān zuò lǎnchē wǎngfǎn, ránhòu qù Míng Dòng.
李活泼	哇，我要在明洞买好多东西呢。
	Wā, wǒ yào zài Míng Dòng mǎi hǎoduō dōngxi ne.
导游	我们今天主要是逛逛，❽由于时间比较紧，只能看一下价格。
	Wǒmen jīntiān zhǔyào shì guàngguang, yóuyú shíjiān bǐjiào jǐn, zhǐnéng kàn yíxià jiàgé.
孙优雅	是呀，我们可以5月3号自由行那一天去弘大和明洞嘛。
	Shì ya, wǒmen kěyǐ wǔ yuè sān hào zìyóuxíng nà yì tiān qù Hóng Dà hé Míng Dòng ma.
导游	我们中午吃明洞刀削面，逛完明洞后去景福宫，
	Wǒmen zhōngwǔ chī Míng Dòng dāoxiāomiàn, guàng wán Míng Dòng hòu qù Jǐngfú Gōng,
	晚上吃烤牛肉后回宾馆。
	wǎnshang chī kǎoniúròu hòu huí bīnguǎn.
	大家都准备好了吗？
	Dàjiā dōu zhǔnbèi hǎo le ma?
全体	准备好了，今天拜托你了！
	Zhǔnbèi hǎo le, jīntiān bàituō nǐ le!

반죽된 밀가루 덩어리를 조금 긴 타원형 모양으로 칼로 깎아 내어 만든 면을 가리키는 말로 '칼국수'를 말한다. '削面'이라고 말할 수도 있다.

말하기  🎧 06-5

* 배운 내용을 활용하여 교체연습을 해보세요.

01 昨晚休息得怎么样?

시간	동사	정도보어(형용사)
今天	休息	很好。
今天	玩儿	很开心。
今晚	吃	怎么样?
昨晚	吃	不错。

Tip 得 + 정도보어

여행객의 컨디션이나 여행 과정에서의 만족도와 불만을 체크할 수 있는 표현이다. '언제 + 서술어 + 得 + 정도보어' 형태로 유지되고 여행 일정이 끝날 때마다 다양한 여행객에게 돌아가면서 컨디션을 체크해 보는 것도 여행 안내에서의 기본 업무 중 하나이다.

02 听说韩国食堂饭菜特别少,我买了很多点心。

듣자 하니~	그래서 ~하다
韩国化妆品质量很好	我买了很多
韩国饼干很好吃	我已经买了几个
韩国的中国餐厅不太地道	我想吃韩国菜
韩国到处都可以用Wifi	我带了平板电脑

Tip 听说……

여행객이 여행 오기 전에 얻은 정보에 대해 이야기하는 표현으로, 이럴 때는 몇 가지 패턴이 가능하다. 우선, 자신이 얻은 정보에 의해서 준비해 온 내용 혹은 정보를 통해서 여행 중 하고자 하는 행동을 이야기할 수 있다. 여행 안내사는 이 부분을 잘 듣고 잘못된 정보는 고쳐주고 필요한 요구사항은 기억해 뒀다가 해결해 주도록 하면 좋겠다.

새단어

开心 kāixīn 형 즐겁다 | 质量 zhìliàng 명 품질 | 餐厅 cāntīng 명 식당 | 地道 dìdao 형 본고장의, 정통의 | 到处 dàochù 명 도처, 곳곳 | 平板电脑 píngbǎn diànnǎo 명 타블렛PC

03 既然来了韩国，我就想像韩国人一样喝凉水。

기왕 ~된 바에야	주어	동사구(동작)
来了济州岛	我	想爬汉拿山
来了明洞	我们	买些化妆品吧
来了釜山	你们	尝一下生鱼片吧
出门了	我们	看部电影吧

> **Tip** 既然……，就……
>
> '既然'으로 시작되는 이 구문은 '기왕 이렇게 된 바에야, 곧 ~을 하겠다'는 구문이다. 여기서 '就'는 앞의 '既然'과 함께 숙어로 외워둬야 한다. 고객과 가이드 모두 활용 가능한 구문이니 연습해 두는 것이 좋겠다. 특히 고객이 만족하지 않은 상황에서 가이드가 '기왕 이렇게 되었으니 ~하는 게 어떻겠습니까?'라고 다른 대안 등을 제안할 때에도 쓸 수 있다.

04 按照日程表，我们坐缆车往返。

근거	동작
火车时刻表	我们坐G8686次列车回去吧
课程表	我们上课吧
韩国法律	我们一定要遵守交通规则
旅行保险规定	您要去警察局报案

> **Tip** 按照 + 명사
>
> '按照 + 명사' 구문에서 뒤에 나오는 명사가 스케줄이나 규격을 갖춘 내용일 경우에 그것을 그대로 따라서 한다든가 아니면 모방해서 행동할 때 쓰는 표현이다. 여행 중에서는 대부분 일정표에 따라서 일정을 진행한다고 이야기할 때 활용할 수 있는 표현이다.

새단어

生鱼片 shēngyúpiàn 명 생선회 | 火车时刻表 huǒchē shíkèbiǎo 명 기차시간표 |
次 cì 양 기차, 비행기 등의 편명을 셀 때 쓰는 단위 | 列车 lièchē 명 열차 | 课程表 kèchéngbiǎo 명 교과 과정표 |
法律 fǎlǜ 명 법률 | 遵守 zūnshǒu 동 준수하다 | 交通规则 jiāotōng guīzé 명 교통규칙 |
警察局 jǐngchájú 명 경찰서 | 报案 bào'àn 동 경찰에 신고하다

第6课 现在为大家介绍一下今天的行程。 77

1. 새 단어의 우리말 뜻을 보고 그에 맞는 중국어와 한어병음, 성조를 써본 후, 소리 내어 발음해보세요.

	우리말뜻	중국어	한어병음과 성조
1	해외		
2	뷔페식 식사		
3	(몸이) 뚱뚱해지다, 살찌다		
4	식사, 밥과 반찬		
5	특별히, 특히		
6	여정, 노정		
7	냉수, 찬물		
8	(습관이 되어) 마실 수 있다		
9	기왕 ~된 바에야		
10	방지하다, 예방하다		
11	설사		
12	N 서울타워		
13	전경, 파노라마		
14	케이블카		
15	~에 따라서, ~에 의해서		
16	왕복하다		
17	~때문에, ~로 인해		
18	(시간이) 빡빡하다, 촉박하다		
19	경복궁		
20	불고기		

2. 기본문장의 우리말 뜻을 보고 그에 맞는 중국어와 한어병음, 성조를 써본 후, 소리 내어 읽어보세요.

1 좋은 아침이에요, 저녁에 잘 쉬셨나요?

2 이곳은 외국 손님들이 자주 숙박하셔서 아침은 뷔페예요.

3 듣자 하니 한국 식당의 음식량이 매우 적다고 해서 제가 간식을 많이 샀어요.

4 기왕 한국에 왔으니 저도 한국 사람처럼 차가운 물을 마셔보고 싶어요.

5 배탈을 방지하기 위해서 적게 마시는 게 좋습니다.

6 아침 날씨가 좋아서 타워에서 서울 전경을 보실 수 있을 거예요.

7 일정표에 따라서 우리들은 케이블카로 왕복할 거예요.

8 시간이 비교적 빠듯하기 때문에 가격만 좀 볼 수 있어요.

보고 듣고 말하기 (听说读写) 🎧 06-6

* 녹음을 듣고 아래 그림을 보며 문제에 답해보세요.

4/29		4/30		5/1		5/2		5/3	
16:00	到达金浦	6:30	早餐	6:30	早餐	6:00	城山日出峰	6:30	早餐
16:30	欢迎游客	8:30	集合	8:30	集合	9:00	早餐: 鲍鱼粥	9:00	退房
17:30	到达宾馆	8:40	乘车、出发	8:40	乘车、出发	10:00	旅游选项	10:00	自由行程
18:00	仁寺洞	9:00	南山 - 缆车	9:00	金浦机场	13:00	午餐	14:00	在宿舍集合
18:30	晚餐	11:00	明洞天主教堂	11:00	到达济州岛	16:00	济州机场	15:00	金浦机场
20:00	个人活动	12:00	午餐: 刀削面	12:00	午餐	18:00	到达首尔宿舍	18:00	回上海
21:00	休息	13:00	景福宫	13:00	汉拿山	20:00	个人活动购物		
		18:00	晚餐-烧烤	18:00	晚餐-黑猪肉				
		20:00	休息	20:00	休息				

1 这是行程表。请回答问题。

❶ 4月30号和5月1号几点集合?

_____

❷ 哪天去明洞坐缆车?

_____

❸ 几号给游客自由时间?

_____

❹ 宾馆每天几点开始给他们提供早餐?

_____

2 听后复述。(请参考上面(1)的答案回答) 🎧 06-7

　　旅游收到了5天4夜的行程表,首先在4月29号去仁寺洞参观,吃完晚饭后回宾馆休息。首尔的韩国大酒店在4月30号、5月1号、5月3号_____开始提供早餐。4月30号和5月1号_____,5月2号_____能在济州岛的城山日出峰上看到日出,需要_____,早餐就在附近的饭店喝鲍鱼粥。最后一天,9点集合后集体退房,_____是自由时间。游客最为期待的日程就是4月30号去N首尔塔坐缆车和_____的济州岛之行。

여행 안내 꿀팁! 한·중 비교편

가까운 나라지만 음식 문화마저도 다른 부분이 있다는 것이 참 신기하고 재미난 부분입니다. 다음에 중국인 여행객을 모시게 되면 이와 같은 주제로 함께 이야기를 나누면서 문화 교류를 하시는 것도 좋을 것 같습니다.

한중 음식 문화 비교!

1. 식사 순서

한국에서 처음 식사를 하는 중국인들은 음식이 나오는 순서에 깜짝 놀라게 됩니다. 왜냐하면 중국에서는 주식을 맨 마지막에 먹기 때문입니다. 중국은 '차가운 음식 → 따뜻한 음식 → 국 → 주식 → 후식' 등의 순서로 식사하는 반면에 우리는 모든 음식이 한꺼번에 나오고 메인 메뉴가 나중에 준비되기 때문입니다. 아마도 그래서 우리나라 사람들이 식당에 가면 그렇게도 음식을 빨리 달라고 서두르나 봅니다. 중국에 여행을 가시거나 중식당에서 코스요리를 드실 때는 '밥 먼저 주세요!'하지 않으면 밥이 맨 마지막에 나온다는 거 잊지 마세요.

모든 음식이 한상에!

중국에서는 요리가 먼저 나와요~

2. 음식 남기면?

중국에서 처음 유학할 때 중국 친구들이 식사 초대를 자주 해 줬습니다. 근데 둘이 가도 셋이 가도 음식을 너무나 많이 시키는 겁니다. 나중에 이야기해 보니, 한국에서는 깨끗이 다 먹는 것이 예의여서 친구들이 사주는 밥을 다 먹었더니, 중국은 좀 남겨야 부족하지 않게 풍성하게 대접을 받았다고 생각한대요. 즉, 제가 하도 깨끗이 먹으니까 부족하다고 생각해서 계속 시켜줬던 겁니다. 억지로 먹었다고 했더니 당황하던 친구의 얼굴이 떠오릅니다. 중국인들의 대접을 받을 때에는 적당히 남기는 것이 예의라는 것 잊지 마세요!

맛있는 음식은! 남기면 안 돼요~

3. 물의 온도

한국 사람들은 시원한 음료를 좋아합니다. 앞에서도 말했지만 중국 사람들은 미지근하거나 따뜻한 차를 좋아해서 중국인 여행객을 모시고 다닌다면 따뜻한 음료나 차를 미리 식당에 주문해 놓는 센스가 필요합니다. 만약 중국에 가서 시원한 물을 찾으신다면, 생수를 따로 주문하시거나 얼음이 식당에 있는지 문의하셔야 할 겁니다.

마음까지 따뜻해지는 차!

제7과

这儿就是韩国的古宫——景福宫。

NCS: 관광 자원 소개 (1)

학습목표 서울의 주요 관광지에 대해 중국어로 소개할 수 있다.

학습내용
1. 사전 안내하기
2. 현장에서 관광 자원 안내하기
3. 질의 응답하기

새단어 🎧 07-1

旺季	wàngjì	명	성수기
多亏	duōkuī	부	덕분에, 다행히
抢眼	qiǎngyǎn	동	눈길을 끌다, 눈에 띄다
门票	ménpiào	명	입장권
古宫	Gǔgōng	명	고궁, 오래된 궁궐
故宫	Gùgōng	명	고궁[=紫禁城 Zǐjinchéng; 중국 명·청 왕조의 궁궐]
稍微	shāowēi	부	다소, 조금
进行	jìnxíng	동	(어떤 지속적인 활동을) 진행하다
建筑	jiànzhù	명	건축, 건축물
精致	jīngzhì	형	정교하다, 섬세하다
独具风格	dújù fēnggé	성	독자적인 풍격을 가지고 있다
涂七色彩缎	tú qīsè cǎiduàn		색동(색)을 칠하다
壬辰倭乱	Rénchén Wōluàn	명	임진왜란
烧	shāo	동	태우다, 불사르다
重建	chóngjiàn	동	재건하다
离	lí	개	~에서, ~로부터
复原	fùyuán	동	복원하다, 복구하다
庆州	Qìngzhōu	지	경주
距离	jùlí	명	거리
文化遗产	wénhuà yíchǎn	명	문화 유산

memo

꼭 외워야 할 기본문장 07-2

1 现在是旅游旺季，中国游客特别多。
Xiànzài shì lǚyóu wàngjì, Zhōngguó yóukè tèbié duō.

2 大家一起进去吧。
Dàjiā yìqǐ jìnqù ba.

3 这儿就是韩国的古宫——景福宫。
Zhèr jiùshì Hánguó de Gǔgōng -- Jǐngfú Gōng.

4 很多人都拿景福宫和故宫进行比较。
Hěn duō rén dōu ná Jǐngfú Gōng hé Gùgōng jìnxíng bǐjiào.

5 (是)因为建筑风格和文化不同。
(Shì) Yīnwèi jiànzhù fēnggé hé wénhuà bùtóng.

6 这边是光化门，在壬辰倭乱的时候被烧了。
Zhè biān shì Guānghuàmén, zài Rénchén Wōluàn de shíhou bèi shāo le.

7 庆州在庆尚北道，坐车需要三个多小时。
Qìngzhōu zài Qìngshàng Běidào, zuò chē xūyào sān ge duō xiǎoshí.

8 听说庆州有很多韩国文化遗产。
Tīngshuō Qìngzhōu yǒu hěn duō Hánguó wénhuà yíchǎn.

해석

1 지금은 여행 성수기라서 중국인 여행객(요우커)이 특히나 많습니다.
2 우리 모두 함께 들어갑시다.
3 이곳이 바로 한국의 고궁인 경복궁입니다.
4 많은 사람들이 경복궁과 고궁(자금성)을 가지고 비교합니다.
5 건축 양식과 문화가 다르기 때문입니다.
6 여기가 광화문인데 임진왜란 때 전소되었습니다.
7 경주는 경상북도에 있는데 차로 3시간 이상 가야 합니다.
8 듣자 하니 경주에 한국의 문화 유산이 많다고 하던데요.

회화1 🎧 07-3

王积极 人可真多呀。
Rén kě zhēn duō ya.

导游 ❶现在是旅游旺季，中国游客特别多。
Xiànzài shì lǚyóu wàngjì, Zhōngguó yóukè tèbié duō.

王积极 是呀，旅行社的小旗子都是红色的。
Shì ya, lǚxíngshè de xiǎoqízi dōu shì hóngsè de.

导游 哈哈哈，别说，多亏我们的是黄旗。
Hāhāhā, bié shuō, duōkuī wǒmen de shì huángqí.

李大爸 所以说我们的旗子更抢眼。
Suǒyǐ shuō wǒmen de qízi gèng qiǎngyǎn.

导游 好，我们买好了门票，❷大家一起进去吧。
Hǎo, wǒmen mǎi hǎo le ménpiào, dàjiā yìqǐ jìnqù ba.

❸这儿就是韩国的古宫——景福宫。
Zhèr jiùshì Hánguó de Gǔgōng –– Jǐngfú Gōng.

李大爸 景福宫和中国的故宫很像呀。
Jǐngfú Gōng hé Zhōngguó de Gùgōng hěn xiàng ya.

王积极 不过这儿稍微小了一些。
Búguò zhèr shāowēi xiǎo le yìxiē.

导游 你们两位说得对，❹很多人都拿景福宫和故宫进行比较。
Nǐmen liǎng wèi shuōdeduì, hěn duō rén dōu ná Jǐngfú Gōng hé Gùgōng jìnxíng bǐjiào.

회화2 🔊 07-4

李活泼 韩国的建筑好像都很精致。是因为韩国的土地比较小吗?
Hánguó de jiànzhù hǎoxiàng dōu hěn jīngzhì. Shì yīnwèi Hánguó de tǔdì bǐjiào xiǎo ma?

导游 也可以这样说,❺因为建筑风格和文化不同,景福宫独具风格。
Yě kěyǐ zhè yàng shuō, yīnwèi jiànzhù fēnggé hé wénhuà bùtóng, Jǐngfú Gōng dújù fēnggé.

李活泼 宫殿上面涂的七色彩缎真漂亮!
Gōngdiàn shàngmian tú de qīsè cǎiduàn zhēn piàoliang!

导游 ❻这边是光化门,在壬辰倭乱的时候被烧了。
Zhè biān shì Guānghuàmén, zài Rénchén Wōluàn de shíhou bèi shāo le.

在朝鲜末期重建,现在还在复原中。
Zài Cháoxiǎn mòqī chóngjiàn, xiànzài hái zài fùyuán zhōng.

王积极 对了,庆州离这儿远吗?
Duì le, Qìngzhōu lí zhèr yuǎn ma?

导游 ❼庆州在庆尚北道,坐车需要3个多小时。
Qìngzhōu zài Qìngshàng Běidào, zuò chē xūyào sān ge duō xiǎoshí.

李美国 差不多是上海到杭州的距离而已。
Chàbuduō shì Shànghǎi dào Hángzhōu de jùlí éryǐ.

'而已'는 문장의 끝에서 '~일 뿐이다'의 뜻으로 쓴다.

导游 哈哈哈,3个小时在韩国是比较远的距离。
Hāhāhā, sān ge xiǎoshí zài Hánguó shì bǐjiào yuǎn de jùlí.

王积极 ❽听说庆州有很多韩国文化遗产。
Tīngshuō Qìngzhōu yǒu hěn duō Hánguó wénhuà yíchǎn.

下次我要去庆州。
Xiàcì wǒ yào qù Qìngzhōu.

제7과 这儿就是韩国的古宫——景福宫。 87

 **말하기 (多说文章)** 🎧 07-5

* 배운 내용을 활용하여 교체연습을 해보세요.

01 现在是<u>旅游旺季</u>，<u>中国游客特别多</u>。

시간(원인)	결과
旅游淡季	中国游客比较少
吃饭时间	餐厅里人太多
休息时间	工作人员不在
韩国的春节	大家都回老家了

Tip 지금 '어떤 시기'이기 때문에 '현재와 같은 상황이 일어났음'을 고객에게 설명할 수 있도록 중국어로 연습해 본다. 여행 성수기뿐만 아니라 여행 비수기의 장점을 중국어로 설명함으로써 비수기에 저렴하고 편리하게 여행을 즐길 수 있도록 상담할 수 있는 다양한 표현을 연습하자.

02 很多人<u>拿</u>景福宫和故宫<u>进行比较</u>。

비교 대상	비교·분석하다
韩国文化和中国文化	进行分析
济州岛和海南岛	进行旅游比较
旅游商品和自由行	分析优缺点
这个人和那个人	比较是不对的

Tip 拿……进行比较

'拿……进行比较'는 '~을 가지고 비교하다'는 뜻의 구문이다. '进行'은 뒤에 따라 나오는 동사 구문을 목적어로 받는 동사이므로 문형 연습에 주의하도록 한다. 간혹 중국인 고객이 한국에 왔을 때 한국과 중국에 대한 단순 비교 질문을 할 수도 있는데, 때로는 황당하거나 한국인으로서 기분 나쁜 부분도 있을 수 있다. 그럴 때는 차분하게 문화의 차이라고 설명하거나 잘못된 것임을 제기할 수 있어야 한다.

새단어

淡季 dànjì 명 여행 비수기 | 工作人员 gōngzuò rényuán 명 직원 | 分析 fēnxī 동 분석하다 |
饮食 yǐnshí 명 음식 | 优缺点 yōuquēdiǎn 명 장점과 단점

03 因为建筑风格和文化不同，景福宫独具风格。

~이 다르기 때문에	~(해야) 한다
饮食文化	大家先了解一下
历史背景	大家不要有偏见
个人眼界	理想也不同
大家意见	要互相理解

> **Tip** 因为……不同，(所以)……
> '因为……不同，(所以)……'는 '왜냐하면 ~이 다르기 때문에, (그래서) ~하다'는 구문이다. 이 구문은 여행지나 한국의 다양한 상황에 대해서, 혹은 여행객의 의견을 조율할 때 쓸 수 있는 표현이니 연습해 보도록 한다.

04 庆州在庆尚北道，坐车需要三个多小时。

지역 + 在 + 위치	교통수단 + 需要 + 소요시간
釜山 — 韩国的南部	坐飞机需要一个小时
西安 — 中国的西北地区	坐飞机需要三个小时
香港 — 中国的南部	坐高铁需要八个小时
仁寺洞 — 首尔的中部	坐公交车需要半个小时

> **Tip** 여행을 다니다 보면 한국의 다양한 지역에 대해 언급하게 되는데, 여행객들은 각 지역에 대한 정보를 가이드나 여행사 직원에게 묻게 된다. 그럴 때 '어디는 한국의 어느 지역에 위치해 있고, (~부터 ~까지는) (어떤) 교통수단을 이용해서 가면 어느 정도의 시간이 걸린다'는 이야기를 할 때 위의 문장을 활용해 볼 수 있다. '여기에서부터', '서울에서부터'라고 쓰려면 '离这儿'과 '从首尔' 등을 교통수단 앞에 붙여 쓴다.

새단어

了解 liǎojiě 동 이해하다(= 理解 lǐjiě) | **历史背景** lìshǐ bèijǐng 명 역사 배경 | **偏见** piānjiàn 명 편견, 선입견 |
眼界 yǎnjiè 명 시야, 식견 | **理想** lǐxiǎng 명 이상 | **意见** yìjiàn 명 의견 | **高铁** gāotiě 명 고속철도 |
公交车 gōngjiāochē 명 버스(= 公共汽车 gōnggòng qìchē)

1. 새 단어의 우리말 뜻을 보고 그에 맞는 중국어와 한어병음, 성조를 써본 후, 소리 내어 발음해보세요.

	우리말뜻	중국어	한어병음과 성조
1	성수기		
2	덕분에, 다행히		
3	눈길을 끌다, 눈에 띄다		
4	입장권		
5	고궁, 오래된 궁궐		
6	고궁[중국 명·청 왕조의 궁궐]		
7	다소, 조금		
8	진행하다		
9	건축, 건축물		
10	정교하다, 섬세하다		
11	독자적인 풍격을 가지고 있다		
12	색동(색)을 칠하다		
13	임진왜란		
14	태우다, 불사르다		
15	재건하다		
16	~에서, ~로부터		
17	복원하다, 복구하다		
18	경주		
19	거리		
20	문화 유산		

2. 기본문장의 우리말 뜻을 보고 그에 맞는 중국어와 한어병음, 성조를 써본 후, 소리 내어 읽어보세요.

1 지금은 여행 성수기라서 중국인 여행객(요우커)이 특히나 많습니다.

2 우리 모두 함께 들어갑시다.

3 이곳이 바로 한국의 고궁인 경복궁입니다.

4 많은 사람들이 경복궁과 고궁(자금성)을 가지고 비교합니다.

5 건축 양식과 문화가 다르기 때문입니다.

6 여기가 광화문이고 임진왜란 때 전소되었습니다.

7 경주는 경상북도에 있는데 차로 3시간 이상 가야 합니다.

8 듣자 하니 경주에 한국의 문화유산이 많다고 하던데요.

보고 듣고 말하기 (听说读写) 🎧 07-6

＊녹음을 듣고 아래 그림을 보며 문제에 답해보세요.

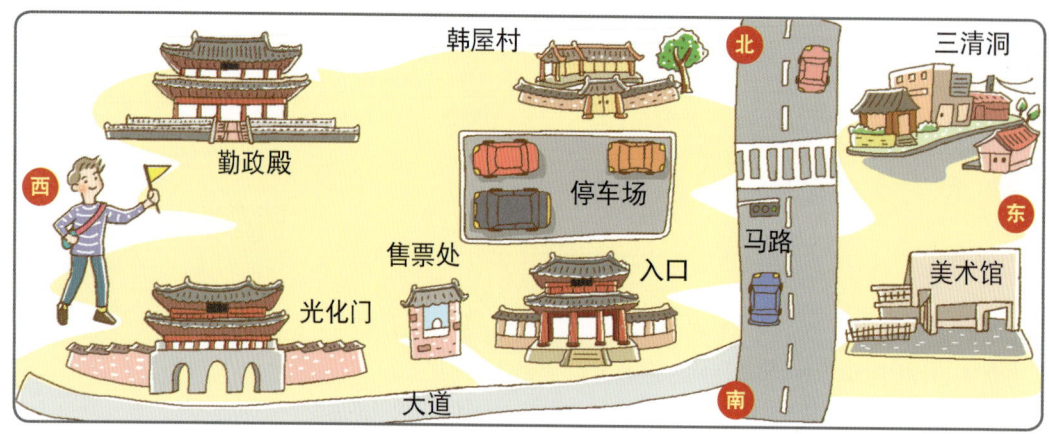

1 这是一张名胜古迹的地图。请回答问题。

① 这儿是什么地方？
_____

② 光化门是什么？
_____

③ 这儿附近有没有可玩儿的地方？
_____

④ 他们几点在哪儿集合？
_____

2 听后复述。（请参考上面(1)的答案回答） 🎧 07-7

　　景福宫是 _____ 之一，在首尔市钟路区。景福宫在朝鲜时代两乱、韩国战争时被烧了几次。光化门是 _____，也一直在复原中，_____ 才复原到 _____，可其他景福宫里的宫殿都还在复原中。其中勤政殿作为 _____，有"勤奋治理朝政"之意，是王宫里最庄严的中心建筑，象征 _____。景福宫里有很多王宫，_____。而且导游说附近有 _____ 等很多可玩儿的地方。但是这次我们只能看到这些，_____ 在 _____ 集合移动，下次我 _____ 自己来逛一趟。

여행 안내 꿀팁! 한국편

에티켓은 반드시 지켜줘야 할 기본적인 매너를 뜻합니다. 선택이 아니라 필수임을 잊지 말아주세요.

중국인 혹은 외국인에 대한 에티켓

1. 친절한 미소와 상냥한 말투

한국에 여행 오는 많은 중국 여행객들은 친절한 서비스를 기대하고 옵니다. 그런데 요우커에 대해 설문조사를 하면, 대다수가 가이드의 불친절과 먹을 수 없는 음식 등에 대해서 불만을 표현합니다. 일단 불친절한 것은 태도의 문제이고 음식에 대한 부분은 오해가 있었거나 음식 문화의 차이가 있었을 수도 있지만 제대로 사전 설명을 하지 않았을 가능성을 배제할 수 없습니다.

예의바르게 손님 맞이하기~

2. 한국 문화에 대한 친절한 설명

한국 문화에 대해 중국인 여행객들은 오랜 시간 중국 매체를 통해서나 여행을 다녀온 주위 친구들을 통해서 무분별한 정보를 가지고 있을 경우가 많습니다. 그래서 어떤 부분은 오해가 있을 수 있고 잘못된 정보로 가이드나 여행사 직원인 여러분을 기분 나쁘게 할 수도 있습니다. 그렇더라도 불쾌한 표정이나 말투로 대응하는 것이 아니라 바른 정보를 다시 전달하도록 합니다.

3. 한국어로 혼잣말은 NO!

외국에서 생활하다 보면 혼자 바보가 되는 느낌이 들 때가 있는데, 알아듣지 못하는 말로 앞에서 이야기할 때가 그럴 수 있지요. 이건 마치 자신에게 욕을 하거나 자신을 바보로 만드는 느낌을 줄 수 있기 때문에 반드시 주의해야 할 행동입니다. 중국어가 능통하지 않다면 잠시 기다리라고 하고 중국어 구사가 가능한 직원을 데려오거나 최대한 적극적으로 그 주위에서 웃는 얼굴로 응대하는 것이 중요합니다.

확실한 일처리와 깔끔한 매너!

4. 확실한 일처리

모든 일정이 끝난 후 여행객 중 한 명이 불편을 느꼈다고 한다면 어떻게 하시겠습니까? 한국에 여행을 온 손님을 혼자 방치할 수는 없습니다. 개인적인 업무를 도와 달라고 떼를 쓰더라도 방법을 찾아주도록 하거나 불가한 경우 사정을 자세하고 확실하게 설명해야 합니다. 특히, 몸이 아프거나 물건을 분실한 고객이 있다면 즉각적으로 대처해서 문제를 해결할 수 있도록 도와야 합니다.

제8과

今天我们先去看汉拿山, 骑马体验是自选项目。

NCS: 관광 자원 소개(2),
　　　국내여행 안내 진행
　　　- 선택 관광 안내하기

학습목표 관광지에 도착한 후 일정표의 내용과 비교하여 선택 관광을 중국어로 안내할 수 있다.

학습내용
1. 현장에서 관광 자원 안내하기
2. 선택 관광이 가능한 시간 안내하기
3. 선택 관광 신청 받기하기
4. 선택 관광 진행하기하기

새단어 🎧 08-1

☐ 拿走	názǒu	동	가지고 가다
☐ 保管	bǎoguǎn	동	보관하다
☐ 难道	nándào	부	설마 ~란 말인가?, 설마 ~이겠어?
☐ 拍摄	pāishè	동	촬영하다
☐ 拍照	pāizhào	동	사진을 찍다
☐ 少女偶像组合	shàonǚ ǒuxiàng zǔhé	명	아이돌 걸그룹
☐ 觉得	juéde	동	~라고 느끼다, 생각하다
☐ 亲哥哥	qīn'gēge	명	친오빠
☐ 男朋友	nánpéngyou	명	남자친구
☐ 随便	suíbiàn	부	마음대로, 좋을 대로
☐ 引起	yǐnqǐ	동	불러 일으키다, 야기하다
☐ 误会	wùhuì	동	오해하다
☐ 汉拿山	Hànná Shān	명	한라산
☐ 骑马	qímǎ	동	말을 타다
☐ 体验	tǐyàn	동	체험하다
☐ (旅游)自选项目	(lǚyóu) zìxuǎn xiàngmù	명	선택 관광
☐ 黑猪肉	hēizhūròu	명	흑돼지고기
☐ 城山日出峰	Chéng Shān Rìchū Fēng	명	성산일출봉
☐ 鲍鱼粥	bàoyúzhōu	명	전복죽
☐ 中文旅游区	Zhōngwén Lǚyóuqū	명	중문관광단지

memo

꼭 외워야 할 기본문장 — 08-2

1 有人把东西放在宾馆吗?
Yǒu rén bǎ dōngxi fàngzài bīnguǎn ma?

2 我们明天晚上还来这儿住宿。
Wǒmen míngtiān wǎnshang hái lái zhèr zhùsù.

3 护照和机票都在我这儿，请大家放心。
Hùzhào hé jīpiào dōu zài wǒ zhèr, qǐng dàjiā fàngxīn.

4 我给你们20分钟，20分钟后我们在这儿集合。
Wǒ gěi nǐmen èrshí fēnzhōng, èrshí fēnzhōng hòu wǒmen zài zhèr jíhé.

5 "欧巴"这个词在韩国有几个意思，随便用的话很容易引起误会的。
"Ōubā" zhè ge cí zài Hánguó yǒu jǐ ge yìsi, suíbiàn yòng de huà hěn róngyì yǐnqǐ wùhuì de.

6 今天我们先去看汉拿山，骑马体验是自选项目。
Jīntiān wǒmen xiān qù kàn Hànná Shān, qímǎ tǐyàn shì zìxuǎn xiàngmù.

7 明早6点我们去城山日出峰，中午去中文旅游区逛一圈之后回来。
Míngzǎo liù diǎn wǒmen qù Chéng Shān Rìchū Fēng, zhōngwǔ qù Zhōngwén Lǚyóuqū guàng yì quān zhī hòu huílai.

8 现在已经到了住宿的地方，请下车吧。
Xiànzài yǐjīng dào le zhùsù de dìfang, qǐng xià chē ba.

해석

1 호텔에 물건 놓고 오신 것 있나요?
2 우리들은 내일 저녁에 또 이곳에서 묵을 거예요.
3 여권과 비행기표 모두 저한테 있으니 다들 안심하세요.
4 여러분들께 20분을 드릴 테니, 20분 후 여기에 모여 주세요.
5 "오빠"라는 이 단어는 한국에서는 여러 가지 의미가 있어서 함부로 사용하시면 오해를 불러 일으킬 수 있습니다.
6 오늘 우리는 우선 한라산에 가고, 승마 체험은 선택 관광입니다.
7 내일 아침 6시에 우리는 성산일출봉에 갔다가 점심에는 중문관광단지를 한 바퀴 돌아본 후 돌아갈 겁니다.
8 이제 숙박하실 곳에 도착했습니다. 내리십시오.

제8과 今天我们先去看汉拿山，骑马体验是自选项目。

회화1 🎧 08-3

导游　❶有人把东西放在宾馆吗?
Yǒu rén bǎ dōngxi fàngzài bīnguǎn ma?

李美国　没有，❷我们明天晚上还来这儿住宿，对吧?
Méiyǒu, wǒmen míngtiān wǎnshang hái lái zhèr zhùsù, duì ba?

导游　对，明天还来这儿。
Duì, míngtiān hái lái zhèr.

孙优雅　如果东西放在这儿，人家会拿走吗?
Rúguǒ dōngxi fàngzài zhèr, rénjiā huì názǒu ma?

导游　不会，宾馆职员会帮你们保管。
Bú huì, bīnguǎn zhíyuán huì bāng nǐmen bǎoguǎn.

❸护照和机票都在我这儿，请大家放心，现在我们去金浦机场。
Hùzhào hé jīpiào dōu zài wǒ zhèr, qǐng dàjiā fàngxīn, xiànzài wǒmen qù Jīnpǔ Jīchǎng.

王积极　哇，去济州岛啦。
Wā, qù Jìzhōu Dǎo la.

导游　到济州岛国际机场了。
Dào Jìzhōu Dǎo Guójì Jīchǎng le.

'런닝맨'이라는 TV프로그램을 가리킨다.

李美国　啊，那位难道是《跑男》里的"刘在锡"吗?
À, nà wèi nándào shì «Pǎo Nán» li de "Liú Zàixī" ma?

王积极　哇，看来是正在拍摄《跑男》，
Wā, kànlái shì zhèngzài pāishè «Pǎo Nán»,

"哈哈"、"金钟国"、"宋智孝"都在。
"Hāhā"、"Jīn Zhōngguó"、"Sòng Zhìxiào" dōu zài.

李活泼　在哪儿? 在哪儿? 快拍照。
Zài nǎr? Zài nǎr? Kuài pāizhào.

李美国·李无话　我想见韩国少女偶像组合!
Wǒ xiǎng jiàn Hánguó shàonǚ ǒuxiàng zǔhé!

李无话 Lǐ wúhuà의 无话는 말이 없다, 과묵하다라는 의미다.

98

회화2

导游 等一下儿，我们现在要走了！好的，我们有点儿时间，
Děng yíxiàr, wǒmen xiànzài yào zǒu le! Hǎo de, wǒmen yǒudiǎnr shíjiān,

❹给你们20分钟，20分钟后我们在这儿集合。小心！
gěi nǐmen èrshí fēnzhōng, èrshí fēnzhōng hòu wǒmen zài zhèr jíhé. Xiǎoxīn!

李活泼 刘在锡真帅，比电视里好看多了。可是我还是觉得导游欧巴最好看。
Liú Zàixī zhēn shuài, bǐ diànshì li hǎokàn duō le. Kěshì wǒ háishi juéde dǎoyóu ōubā zuì hǎokàn.

导游 ❺"欧巴"这个词在韩国有几个意思，亲哥哥、男朋友等等，
"Ōubā" zhè ge cí zài Hánguó yǒu jǐ ge yìsi, qīn'gēge、nánpéngyǒu děngděng,

随便用的话很容易引起误会的。
suíbiàn yòng de huà hěn róngyì yǐnqǐ wùhuì de.

李活泼 那我还是要叫你"欧巴"了。
Nà wǒ háishi yào jiào nǐ "ōubā" le.

孙优雅 你呀你！
Nǐ ya nǐ!

导游 我来说一下今天的日程安排。❻今天我们先去看汉拿山，
Wǒ lái shuō yíxià jīntiān de rìchéng ānpái. Jīntiān wǒmen xiān qù kàn Hànná Shān,

然后骑马体验是自选项目，想参加的人跟我说一下。
ránhòu qímǎ tǐyàn shì zìxuǎn xiàngmù, xiǎng cānjiā de rén gēn wǒ shuō yíxià.

晚上大家去吃济州岛的黑猪肉。
Wǎnshang dàjiā qù chī Jìzhōu Dǎo de hēizhūròu.

李活泼 哇，济州岛的黑猪肉是我最想吃的。
Wā, Jìzhōu Dǎo de hēizhūròu shì wǒ zuì xiǎng chī de.

孙优雅 你是为了吃才来的？
Nǐ shì wèile chī cái lái de?

导游 还有，❼明早6点我们去城山日出峰，早饭吃鲍鱼粥，
Háiyǒu, míngzǎo liù diǎn wǒmen qù Chéng Shān Rìchū Fēng, zǎofàn chī bàoyúzhōu,

中午去中文旅游区逛一圈之后回来。
zhōngwǔ qù Zhōngwén Lǚyóuqū guàng yì quān zhī hòu huílai.

李司机 ❽现在已经到了住宿的地方，请下车吧。
Xiànzài yǐjīng dào le zhùsù de dìfang, qǐng xià chē ba.

말하기 (多说文章) 🎧 08-5

* 배운 내용을 활용하여 교체연습을 해보세요.

01 有人把东西放在宾馆吗?

명사(사물)	위치·장소
随身物品	车上
护照	客房里
钱包	食堂里
手机	洗手间里

> **Tip** 有人把A放在B
> '有人把A放在B'는 'B에 A를 두고 온 사람이 있다'의 뜻으로 두고 온 물건 등이 없는지의 여부를 체크할 때 쓸 수 있는 표현이다. 여행상품을 운영하다 보면 이동 장소가 많고 여행객들은 차로 이동하는 시간이 많다. 한국은 중국에 비해 이동 거리가 짧아서 차에 탔다 내리는 빈도가 잦기 마련인데, 이 때마다 고객의 개인 물품을 챙겨서 분실물이 발생하지 않도록 중국어로 안내하는 표현을 연습해 둔다.

02 给你们二十分钟，二十分钟后(就)在这儿集合。

사람 + 시간	시간
大家三十分钟	半个小时后
你们半个小时	下午一点
你十分钟	十分钟后
你自由时间	晚上六点

> **Tip** 给 + 사람 + 시간, 시간 + 后 + (就)……
> 여행지를 이동하다 보면 사진을 찍거나 각자 개인활동을 하게 된다. 그때 시간을 공지하고 다시 모일 시간을 알려줘야 할 때가 많은데 그때 활용할 수 있는 표현이다. 보통 시간을 제시하면 뒤에 '就'가 오는 것이 보편적인데 본문에서는 생략하였으나 추가해서 연습해도 무관하다. 특히 선택관광인 경우 모든 고객이 함께 이동하지 않을 수도 있기 때문에 선택관광(옵션 관광)을 이용하지 않는 고객에게 자유시간을 정확하게 제시할 수 있어야 한다.

새단어

随身物品 suíshēn wùpǐn 휴대품 | 自由时间 zìyóu shíjiān 몡 자유시간

03 明早六点我们去城山日出峰，中午去中文旅游区逛一圈回来。

시간 + 동작1	시간 + 동작2
今天中午我们去景福宫	晚上去三清洞
明天上午去故宫	下午去颐和园
后天早上去弘大	下午到机场回国
今天晚上你们去明洞	我们去东大门

Tip 일정 소개

다음 날이나 이후의 일정을 소개할 때 활용할 수 있는 구문이다. 여행 안내를 중국어로 하는 것이 매우 어렵다고 생각할 수도 있지만, 실제로는 상품을 소개하고 일정을 정리할 수만 있어도 50% 이상을 해결하게 되는 것으로 시간과 장소를 정확히 제시할 수 있도록 연습해 본다.

04 现在已经到了住宿的地方，请下车吧。

장소	동작
吃饭的地方	洗手
坐船的地方	等一下
火车站	拿车票
仁川机场	把行李拿下来

Tip 到了……

여행객과 이동하면서 주의할 점은, 이동 및 도착 전후에 이동 장소와 도착 장소를 확실하게 알려주는 것이 반드시 필요하다는 것이다. 그리고 그 장소에 도착했을 때 도착했음을 정확히 말한 후 사용가능한 편의시설이나 제공 받을 수 있는 서비스 혹은 여행객이 취해야 할 행동에 대해 상세하게 설명해야 한다. 정확한 의사전달을 위해서 위의 구문을 연습해 보자.

새단어

颐和园 Yíhéyuán 명 이화원

제8과 今天我们先去看汉拿山，骑马体验是自选项目。

 쓰기 (写说写说)

1. 새 단어의 우리말 뜻을 보고 그에 맞는 중국어와 한어병음, 성조를 써본 후, 소리 내어 발음해보세요.

	우리말뜻	중국어	한어병음과 성조
1	가지고 가다		
2	보관하다		
3	설마 ~란 말인가?, 설마 ~이겠어?		
4	촬영하다		
5	사진을 찍다		
6	아이돌 걸그룹		
7	~라고 느끼다, 생각하다		
8	친오빠		
9	남자친구		
10	마음대로, 좋을 대로		
11	불러 일으키다, 야기하다		
12	오해하다		
13	한라산		
14	말을 타다		
15	체험하다		
16	선택 관광		
17	흑돼지고기		
18	성산일출봉		
19	전복죽		
20	중문관광단지		

2. 기본문장의 우리말 뜻을 보고 그에 맞는 중국어와 한어병음, 성조를 써본 후, 소리 내어 읽어보세요.

1 호텔에 물건 놓고 오신 것 있나요?

2 우리들은 내일 저녁에 또 이곳에서 묵을 거예요.

3 여권과 비행기표 모두 저한테 있으니 다들 안심하세요.

4 여러분들께 20분을 드릴 테니, 20분 후 여기에 모여 주세요.

5 "오빠"라는 이 단어는 한국에서는 여러 가지 의미가 있어서 함부로 사용하시면 오해를 불러일으킬 수 있습니다.

6 오늘 우리는 우선 한라산에 가고, 승마 체험은 선택 관광입니다.

7 내일 아침 6시에 우리는 성산일출봉에 갔다가 점심에는 중문관광단지를 한 바퀴 돌아본 후 돌아갈 겁니다.

8 이제 숙박하실 곳에 도착했습니다. 내리십시오.

제8과 今天我们先去看汉拿山，骑马体验是自选项目。

보고 듣고 말하기 (听说读写) 　　　　　🎧 08-6

* 녹음을 듣고 아래 그림을 보며 문제에 답해보세요.

1 有一张关于地铁的图片。请大家一起看后回答问题。

❶ 地铁站里可以抽烟吗?

_____

❷ 地铁里手机应该怎么用?

_____

❸ 你的背包放在哪儿最好?

_____

❹ 自动扶梯上你要怎么做?

_____

2 听后复述。(请参考上面(1)的答案回答) 　🎧 08-7

　　如果想乘坐韩国的地铁去旅行的话,需要了解乘地铁的礼节。在韩国的地铁站里_____,当地铁门开的时候要等着_____,排队的位置在地铁门前的_____。在地铁内不要大声喧哗,电话要调至震动或者静音,最好_____通话。如果背书包乘地铁的话,需要_____。乘坐自动扶梯时_____,不要在上面跑跳打闹。由于上下班时间人多,是无法带自行车乘坐地铁的,上下车时要养成提前准备好的习惯。

여행 안내 꿀팁! 한국편

한국에서 지켜야 할 에티켓, 특히 중국과는 문화적으로나 사회적으로 다른 부분이 많을 수 있으므로 어떤 것들이 있는지 알아두고 꼭 전달하도록 하자!

중국인 혹은 외국인에 대한 에티켓

1. 한 줄 서기

관광지 화장실에서 중국 사람을 만났을 때 가장 당혹스러운 점은 줄을 서지 않는 것과 문을 열어놓거나 변기를 내리지 않고 사용하는 등의 상황입니다. 이런 중국인 관광객을 만나면 한국 사람들은 얼굴을 찌푸리게 되고 결국 한국 사람은 중국인을 좋아하지 않는다는 인상을 주게 됩니다. 따라서 여행 안내시 화장실에서 질서를 지키는 에티켓에 대해서 반드시 미리 설명해 주는 것이 좋겠습니다.

2. 흡연구역 지키기

한국은 이제 건물 안 어디서도 흡연할 수 없는 나라가 되었습니다. 화재의 위험은 물론이고 비흡연자에 대한 권리 때문인데요, 중국은 아직도 거리에서 담배를 피는 흡연자들을 발견하기 쉬운 만큼 이 부분에 대해 자세히 설명하도록 합니다. 지금은 중국도 실내에서의 흡연을 금지하고 있지만 소도시에서는 여전히 식당 및 실내에서 흡연이 가능합니다. 따라서 이 부분 역시 중국인 관광객에게 문화 설명 시 함께 설명되어야 하는 부분입니다.

3. 무단횡단 금지

중국에서 자주 보는 현상 중 하나는 무단횡단과 비보호 좌회전입니다. 우리나라 사람들도 좁은 거리에서 무단횡단을 하는 사람을 종종 발견하게 되지만, 관광객이 이용하는 곳은 대형버스가 많이 다니는 곳입니다. 대형버스는 자칫하면 사람을 보지 못하고 지나가게 될 수도 있으므로 특히나 무단횡단을 금지시켜야 하고 그로 인해 불필요한 벌금을 내는 일이 발생하지 않도록 주의를 줘야 합니다.

4. WeChat 등 메시지 알림 소리

요즘은 중국 젊은이들이 자유여행을 오는 경우가 많습니다. 그러다 보면 지하철의 WIFI를 이용해서 친구와 연락을 하거나 정보를 공유하는 일이 잦아집니다. 중국에서는 지하철에서 휴대전화 소리를 크게 켜고 자연스럽게 쓰는 문화가 아직 남아있지만 한국에서는 사실 많은 사람들이 불편해합니다. 게다가 QQ나 WeChat 등의 중국 메신저는 문자 대신 음성 메세지를 활용하는 경우가 많은데 그 소리가 익숙하지 않아서 더 시끄럽게 들릴 수 있으니 여행상품 안내나 주외사항에 반드시 사전에 안내하는 것이 좋겠습니다.

이외에도 목욕탕이나 온천 관광이 포함되어 있을 경우, 꼭 샤워 후에 욕탕에 들어가도록 안내하는 것이 좋습니다. 중국인은 온천욕에 익숙하지 않기 때문에 욕탕 안에서 몸을 닦는다고 오해하는 경우가 많아서 현지인들에게 불편을 주는 경우가 많기 때문입니다.

제9과

韩国的交通非常方便。

NCS: 여행지 기본정보 및 교통 안내하기

학습목표 고객에게 현지 교통편 탑승에 필요한 사항을 준비 및 안내할 수 있다.

학습내용
1. 여행 만족도 묻고 답하기
2. 개별 관광 요구사항 수렴하기
3. 지하철 교통편 이용 안내하기
4. 한국의 교통수단에 대해 안내하기

새단어 🎧 09-1

登上	dēngshàng		오르다, 올라서다
永远	yǒngyuǎn	형	영원하다
不多见	bù duōjiàn		드물게 보이다, 흔하지 않다
登山	dēngshān	동	등산하다
舒服	shūfu	형	편안하다
楼下	lóuxià	명	1층, 아래층
凌晨	língchén	명	새벽
程度	chéngdù	명	정도
算是	suànshì	동	~인 셈이다, ~으로 치다
纸币	zhǐbì	명	지폐
硬币	yìngbì	명	동전
使用说明	shǐyòng shuōmíng	명	사용 설명
付	fù	동	(돈을) 지불하다
一次性交通卡	yícìxìng jiāotōngkǎ	명	1회용 교통카드
保证金	bǎozhèngjīn	명	보증금(= 押金 yājīn)
机器	jīqì	명	기계
自动	zìdòng	부	(기계·장치 등이) 자동으로
退钱	tuìqián	동	환불하다
自由行	zìyóuxíng		자유여행
随时	suíshí	부	수시로

memo

꼭 외워야 할 기본문장 　　　　　　　　　🎧 09-2

1 济州岛之行怎么样?
Jìzhōu Dǎo zhī xíng zěnmeyàng?

2 我要是再来济州岛的话，一定要登上汉拿山。
Wǒ yàoshi zài lái Jìzhōu Dǎo de huà, yídìng yào dēngshàng Hànná Shān.

3 在汉拿山，好天气是不多见的，不过登山的路很舒服。
Zài Hànná Shān, hǎo tiānqì shì bù duōjiàn de, búguò dēngshān de lù hěn shūfu.

4 要去明洞购物的人，三十分钟后请到楼下集合。
Yào qù Míng Dòng gòuwù de rén, sānshí fēnzhōng hòu qǐng dào lóuxià jíhé.

5 开往明洞的地铁马上就要到了。
Kāiwǎng Míng Dòng de dìtiě mǎshàng jiùyào dào le.

6 韩国地铁有中文广播真方便。
Hánguó dìtiě yǒu Zhōngwén guǎngbō zhēn fāngbiàn.

7 下次我们来一次自由行，怎么样?
Xiàcì wǒmen lái yí cì zìyóuxíng, zěnmeyàng?

8 韩国的交通非常方便，随时欢迎你们的到来。
Hánguó de jiāotōng fēicháng fāngbiàn, suíshí huānyíng nǐmen de dàolái.

해석

1 제주도 여행은 어떠셨어요?
2 제가 만약 다시 제주도에 온다면 반드시 한라산에 오르겠어요.
3 한라산에서 좋은 날씨가 자주 나타나진 않지만 그래도 등산로는 편안해요.
4 만약 명동에 쇼핑하러 가실 분은 30분 후에 1층에 모여 주세요.
5 명동으로 가는 지하철이 곧 도착합니다.
6 한국의 지하철에는 중국어 (안내) 방송이 나와서 정말 편리하네요.
7 다음에 우리 자유여행 한 번 오는 거 어때요?
8 한국은 대중교통이 매우 편리해요. 언제든지 여러분의 한국 방문을 환영합니다.

 🎧 09-3

导游　　❶济州岛之行怎么样？
　　　　Jìzhōu Dǎo zhī xíng zěnmeyàng?

权利多　❷我要是再来济州岛的话，一定要登上汉拿山。
　　　　Wǒ yàoshi zài lái Jìzhōu Dǎo de huà, yídìng yào dēngshàng Hànná Shān.

王积极　我想你是永远都不会去的。
　　　　Wǒ xiǎng nǐ shì yǒngyuǎn dōu búhuì qù de.

权利多　我一定会去的！
　　　　Wǒ yídìng huì qù de!

导游　　❸在汉拿山，好天气是不多见的，不过登山的路很舒服。
　　　　Zài Hànná Shān, hǎo tiānqì shì bù duōjiàn de, búguò dēngshān de lù hěn shūfu.

- 回到首尔 -

导游　　我们又回到首尔的宾馆啦。
　　　　Wǒmen yòu huídào Shǒu'ěr de bīnguǎn la.

　　　　❹要去明洞购物的人，30分钟后请到楼下集合。
　　　　Yào qù Míng Dòng gòuwù de rén, sānshí fēnzhōng hòu qǐng dào lóuxià jíhé.

全体　　好。
　　　　Hǎo.

 회화2

权利多　这个时间人好多呀。
　　　　Zhè ge shíjiān rén hǎoduō ya.

导游　　韩国凌晨时外面的人还很多，这种程度算是一般的了。
　　　　Hánguó língchén shí wàimiàn de rén hái hěn duō, zhè zhǒng chéngdù suànshì yìbān de le.

王积极　哇，很想坐一次地铁，明天我还要坐地铁。
　　　　Wā, hěn xiǎng zuò yí cì dìtiě, míngtiān wǒ hái yào zuò dìtiě.

　　　　我们现在练习买票，怎么样？
　　　　Wǒmen xiànzài liànxí mǎi piào, zěnmeyàng?

导游　　好的，那么大家都来这儿。一万元以下的纸币或者硬币都可以
　　　　Hǎo de, nàme dàjiā dōu lái zhèr. Yí wàn yuán yǐxià de zhǐbì huòzhě yìngbì dōu kěyǐ

　　　　使用。有中文使用说明，大家都看到了吧？
　　　　shǐyòng. Yǒu Zhōngwén shǐyòng shuōmíng, dàjiā dōu kàndào le ba?

李活泼　有中文？太好了！嗯？怎么要多付五百元韩币？
　　　　Yǒu Zhōngwén? Tài hǎo le! Éng? Zěnme yào duō fù wǔbǎi yuán hánbì?

导游　　对的，这五百元是一次性交通卡的保证金，出来的时候把票
　　　　Duì de, zhè wǔbǎi yuán shì yícìxìng jiāotōngkǎ de bǎozhèngjīn, chūlái de shíhou bǎ piào

　　　　放在旁边的机器里，那里会自动退钱。
　　　　fàngzài pángbiān de jīqì li, nà li huì zìdòng tuìqián.

　　　　　　　　　　　　　　　　　　　　'보증금 반환기계'는 중국어로
　　　　　　　　　　　　　　　　　　　　'保证金返还机'라고 한다.

广播　　"❺开往明洞的地铁马上就要到了。"
　　　　"Kāiwǎng Míng Dòng de dìtiě mǎshàng jiùyào dào le."

李活泼　这样啊！❻有中文广播真方便。
　　　　Zhè yàng a! Yǒu Zhōngwén guǎngbō zhēn fāngbiàn.

王积极　❼下次我们来一次自由行怎么样？
　　　　Xiàcì wǒmen lái yí cì zìyóuxíng zěnmeyàng?

导游　　好主意！❽韩国的交通非常方便，随时欢迎你们的到来。
　　　　Hǎo zhǔyi! Hánguó de jiāotōng fēicháng fāngbiàn, suíshí huānyíng nǐmen de dàolái.

말하기 (多说文章) 🎧 09-5

* 배운 내용을 활용하여 교체연습을 해보세요.

01 我<u>要是</u>再来济州岛<u>的话</u>，<u>一定要</u>登上汉拿山。

가정	동작
再来韩国	自由行
还有机会	跟妈妈一起来旅游
多带了钱	买三星手机
再去黄山	爬上山顶

> **Tip** 要是A的话，一定要B
> '要是A的话'는 가정문으로 '만약 A한다면'의 뜻이며 뒤에 '一定要B'가 나오게 되면 '반드시 B하겠다'는 표현이 된다. 위의 표현은 여행을 마무리하면서 아쉬움이 남거나 다음을 기약할 때 써볼 수 있는 표현이다. '이번에는 이렇게 해 보았으니 다음에는 저렇게 해 보겠다'는 의미로 쓸 수 있고, 가이드는 뒤돌아서기 아쉬워하는 고객에게 다음 여행을 계획하게 해 주는 좋은 계기를 제공할 수 있다.

02 <u>要</u>去明洞购物的人，30分钟后请到楼下集合。

~하려는 사람	시간 + 동작
参加自选项目的游客	下午两点请在门口等我
去上海旅游的同学	周五请到办公室来报名
看电影的人	今晚7点请到学校门口集合
看日出的人	明早5点半请在大厅集合

> **Tip** 접속사 要
> 선택 관광을 하거나 모든 일정이 마무리된 후 개인 일정을 안내해 줄 때, 혹은 가이드는 함께 하지 않더라도 고객들에게 공지할 때 쓸 수 있는 표현이다. 위의 전체문장은 '만약 ~하고자 하는 분이 계시다면, ~까지 ~하도록 합니다'라는 표현이니 익숙해질 수 있도록 다양한 구문을 연습해 보자.

새단어

爬上山顶 páshàng shāndǐng 산꼭대기에 기어오르다 | 报名 bàomíng 동 등록하다, 신청하다 | 日出 rìchū 명 일출

03 开往明洞的地铁，马上就要到了。

~로 가는 ~	동작
开往东大门的列车	进站
开往明洞的公交车	到站
爱睡懒觉的金同学	到教室
去仁寺洞的人	回宾馆

Tip 马上就要……了

회화에 제시된 '开往明洞的地铁, 马上就要到了。(명동으로 가는 지하철이 곧 도착하려고 한다.)'라는 표현은 지하철이나 기차에서 실제 나오고 있는 방송문이다. 잘 기억해 뒀다가 여행 안내 시에 직접 활용해 보면 좋겠다. '马上就要……了(곧 ~하려고 한다)'는 가까운 미래를 나타내는 표현이다.

04 韩国地铁有中文广播真方便。

명사	명사	형용사
电子产品	中文说明	便利
洗手间里	中文笑话	有趣
街道上	中文路标	有用
火车上	中文服务	好

Tip 한국은 중국 사람들이 여행하기 좋은 곳이다. 표지판이 모두 한자로 되어 있는 것은 아니지만 주요 관광지에는 중국인을 배려하여 중국어 표기가 거의 다 되어 있기 때문이며, 또 상품 설명에도 영어 다음으로 제공되는 언어가 바로 중국어이기 때문이다. 이 점을 중국 관광객에게 설명하여 여행의 편의성을 소개할 수 있도록 연습해 본다.

새단어

列车 lièchē 명 열차 | 进站 jìnzhàn 동 (기차·고속버스가) 역에 들어오다 |
到站 dàozhàn 동 (차·기차·배 등이) 정거장에 도착하다 | 睡懒觉 shuìlǎnjiào 늦잠 자다 |
电子产品 diànzǐ chǎnpǐn 명 전자제품 | 便利 biànlì 형 편리하다 | 有趣 yǒuqù 형 재미있다 |
路标 lùbiāo 명 이정표

쓰기 (写说写说)

1. 새 단어의 우리말 뜻을 보고 그에 맞는 중국어와 한어병음, 성조를 써본 후, 소리 내어 발음해보세요.

	우리말뜻	중국어	한어병음과 성조
1	오르다, 올라서다		
2	영원하다		
3	자주 보이다, 많이 나타나다		
4	등산하다		
5	편안하다		
6	1층, 아래층		
7	새벽		
8	정도		
9	~인 셈이다, ~으로 치다		
10	지폐		
11	동전		
12	사용 설명		
13	(돈을) 지불하다		
14	1회용 교통카드		
15	보증금		
16	기계		
17	(기계·장치 등이) 자동으로		
18	환불하다		
19	자유여행		
20	수시로		

2. 기본문장의 우리말 뜻을 보고 그에 맞는 중국어와 한어병음, 성조를 써본 후, 소리 내어 읽어보세요.

1️⃣ 제주도 여행은 어떠셨어요?

2️⃣ 제가 만약 다시 제주도에 온다면 반드시 한라산에 오르겠어요.

3️⃣ 한라산에서 좋은 날씨가 자주 나타나진 않지만 그래도 등산로는 편안해요.

4️⃣ 만약 명동에 쇼핑하러 가실 분은 30분 후에 1층에 모여 주세요.

5️⃣ 명동으로 가는 지하철이 곧 도착합니다.

6️⃣ 한국의 지하철에는 중국어 (안내) 방송이 나와서 정말 편리하네요.

7️⃣ 다음에 우리 자유여행 한 번 오는 거 어때요?

8️⃣ 한국은 대중교통이 매우 편리해요. 언제든지 여러분의 한국 방문을 환영합니다.

第9과 韩国的交通非常方便。

보고 듣고 말하기 (听说读写) 🎧 09-6

* 녹음을 듣고 아래 그림을 보며 문제에 답해보세요.

1 这是韩国首尔地铁购卡机的画面。请回答问题。

① 他们准备买一次性交通卡,要按画面的哪儿?

② 画面的右边蓝色方格是什么?

③ 一次性交通卡有保证金(押金)吗?

④ 他们可以在鹭梁津站换乘9号线到江南站吗?

2 听后复述。(请参考上面(1)的答案回答) 🎧 09-7

我们和导游要一起去市厅站,我们一起买了＿＿＿＿的地铁票,由于韩国首尔地铁的售票机都有＿＿＿＿＿＿,非常方便。一次性交通卡可以乘坐一次地铁＿＿＿＿＿,需要交500韩元的＿＿＿＿,使用后把交通卡放到返还机里,500韩元＿＿＿＿。可是首尔市民一般用信用卡或者T-Money卡,往卡里＿＿＿＿,坐公交车,换乘都非常方便。一次性卡在鹭梁津站1号线、9号线,首尔站京义线和1号线和4号线之间是＿＿＿＿的。

여행 안내 꿀팁! 한·중 비교편

한국의 지하철이 쾌적하고 신속한 만큼 중국은 기차 문화가 잘 발달되어 있습니다.

한중 주요 교통수단 비교

1. 한국의 지하철

처음 해외여행을 떠나는 중국인 여행객들이 많이 찾는 나라 중 하나가 바로 한국입니다. 한국은 가깝기도 하고 한류 열풍으로 궁금한 점도 많은 나라라는 게 이유라고 합니다. 면세품도 싸고 화장품의 품질도 좋으며 전자제품도 가성비가 훌륭하다고 칭찬하는 친구들을 자주 보는 것은 한국인 친구의 체면을 세워주기 위한 것도 있겠지만 사실이기도 합니다. 중국의 연휴 기간에 중국의 요우커들이 몰리는 명동을 보면 더욱 그렇습니다. 그런데 요즘 지하철에서 지하철표를 사려고 옹기종기 모여 있는 중국 여행객들을 자주 보게 됩니다. 그들은 아마도 자유여행을 온 친구들이거나 단체여행을 왔다가 저녁에 쇼핑을 나온 여행객들이기도 할 겁니다. 한국의 지하철은 복잡한 듯 하지만 안 가는 곳도 없고 중국어 방송도 나와서 다니기에 편리하기 때문입니다.

서울 지하철 3호선 충무로역

2. 중국의 기차

필자는 중국에 있을 때 기차를 자주 이용하였는데 이용할 때마다 정말 경이롭다고 생각했습니다. 사통팔달(四通八达 sìtōng bādá)의 기차편이 정확한 시각에 출발·도착하고 체계가 잘 잡혀 있습니다. 비록 한때 사람들이 기내에서 담배를 피우던 시기도 있었지만 그 먼 거리를 기차로 이동해야 하는 중국인들에게서 기차 문화에 대한 자부심이 느껴졌습니다. 이후 우리는 KTX라는 고속철도가 생겼고 중국도 动车(dòngchē 평균시속 200km로 달리는 중국 고속열차)나 高铁(gāotiě 평균시속 300km로 달리는 중국 고속열차)와 같은 고속열차가 생겼습니다. 고속열차는 베이징에서 상하이까지 6시간 정도면 도착이 가능할 정도로 그 속력을 자랑합니다. 여권 등 신분증 검사를 철저히 하는 중국의 기차 문화는 비행기보다도 더 신속 정확 그리고 안전을 자랑하는 교통수단이므로 중국에 여행을 가시다면 꼭 한 번 이용해 보시기를 권장합니다. 단, 기차표 구매와 탑승 시에는 본인의 신분증이 꼭 필요하다는 것 잊지 마시기 바랍니다.

시속 300km의 중국 고속열차!

3. 카카오톡 택시와 嘀嘀打车(dīdīdǎchē)

중국에도 우리나라의 카카오톡 택시와 같은 택시를 부르는 어플이 생겼습니다. 언제 어디서나 가능하고 차량이 많을 때는 할인 가격으로, 없을 때는 추가요금을 내야 합니다. 嘀嘀打车를 처음 보게 된 곳은 상하이의 홍차오 기차역이었습니다. 승객수에 비해 택시가 부족하자 중국인들이 휴대전화를 들고 택시를 부르기 시작했는데, 정말 몇 분 되지 않아서 택시가 우루루 몰려와 박수가 절로 나왔습니다. WeChat을 활용해서 결제가 가능하므로 중국에 가셔서 한 번 활용해 보셔도 좋을 것 같습니다.

중국의 택시

第9课 韩国的交通非常方便。

제10과

我要换钱。

NCS: 환전 및 쇼핑 안내하기

학습목표 고객이 환전을 하거나 쇼핑할 때 안내는 물론 환전과 쇼핑 활동을 중국어로 진행할 수 있다.

학습내용
1. 환전하기
2. 쇼핑 장소 도착 전 사전 점검하기
3. 쇼핑 시간, 쇼핑 후 모임 장소 공지하기
4. 쇼핑 활동 안내 및 돕기

새단어 🎧 10-1

记得	jìde	동	기억하고 있다, 잊지 않고 있다
自由时间	zìyóu shíjiān	명	자유시간
东大门市场	Dōngdàmén Shìchǎng	명	동대문시장
设计师	shèjìshī	명	디자이너
设计	shèjì	동	디자인하다, 설계하다
服装	fúzhuāng	명	복장, 의상
种类	zhǒnglèi	명	종류
各有不同	gèyǒu bùtóng		제각기 다르다
换钱	huànqián	동	환전하다
假钱	jiǎqián	명	(위조지폐 등의) 가짜 돈
汇率	huìlǜ	명	환율
合算	hésuàn	형	수지가 맞다(= 划算 huásuàn)
免税店	miǎnshuìdiàn	명	면세점
退税	tuìshuì	동	세금을 돌려주다
补水效果	bǔshuǐ xiàoguǒ	명	보습효과
除了	chúle	접	~를 제외하고는
替	tì	동	대신하다
道歉	dàoqiàn	동	사과하다
面子	miànzi	명	체면
原谅	yuánliàng	동	이해하다, 용서하다

memo

꼭 외워야 할 기본문장  🎧 10-2

1 你们说过明天自由时间想去东大门，是吧？
Nǐmen shuō guo míngtiān zìyóu shíjiān xiǎng qù Dōngdàmén, shì ba?

2 由于设计师设计的服装种类很多，价格也是各有不同。
Yóuyú shèjìshī shèjì de fúzhuāng zhǒnglèi hěn duō, jiàgé yě shì gèyǒu bùtóng.

3 我要换钱。
Wǒ yào huànqián.

4 我已经换了三十万韩币，想买一些化妆品。
Wǒ yǐjīng huàn le sānshí wàn hánbì, xiǎng mǎi yìxiē huàzhuāngpǐn.

5 你在这儿买也可以到机场退税。
Nǐ zài zhèr mǎi yě kěyǐ dào Jīchǎng tuìshuì.

6 韩国职员的服务态度都非常不错。
Hánguó zhíyuán de fúwù tàidù dōu fēicháng búcuò.

7 你知道这儿一天的游客有多少吗？
Nǐ zhīdào zhèr yì tiān de yóukè yǒu duōshao ma?

8 不要误会，我来替她向您道歉。
Búyào wùhuì, wǒ lái tì tā xiàng nín dàoqiàn.

해석
1 여러분이 내일 자유시간에 동대문에 가고 싶다고 하셨죠?
2 디자이너가 디자인한 의상에는 종류가 많아서 가격 또한 천차만별입니다.
3 저 환전해야 해요.
4 저는 이미 30만원 바꿨어요. 화장품 좀 사고 싶어서요.
5 이곳에서 사셔도 공항에서 세금을 돌려받으실 수 있어요.
6 한국 직원들의 서비스 태도는 모두 훌륭해요.
7 너 여기 하루 관광객이 몇 명이나 오는지 알아?
8 오해하지 마세요, 제가 그녀를 대신해서 사과할게요.

회화1 🎧 10-3

李无话 哇，明洞的人怎么这么多？
Wā, Míng Dòng de rén zěnme zhème duō?

王积极 东大门市场离这儿远吗？我还想去东大门。
Dōngdàmén Shìchǎng lí zhèr yuǎn ma? Wǒ hái xiǎng qù Dōngdàmén.

导游 离这儿很近，记得❶你们说过明天自由时间想去东大门，是吧？
Lí zhèr hěn jìn, jìde nǐmen shuō guo míngtiān zìyóu shíjiān xiǎng qù Dōngdàmén, shì ba?

权利多 是的，都说东大门市场的衣服很便宜，要多买一些。
Shì de, dōu shuō Dōngdàmén Shìchǎng de yīfu hěn piányi, yào duō mǎi yìxiē.

导游 ❷由于设计师设计的服装种类很多，价格也是各有不同。
Yóuyú shèjìshī shèjì de fúzhuāng zhǒnglèi hěn duō, jiàgé yě shì gèyǒu bùtóng.

王积极 我已经在网上查好了。
Wǒ yǐjīng zài wǎng shang chá hǎo le.

李无话 哦，❸我要换钱。
Ó, wǒ yào huànqián.

导游 啊，来这边，这儿有换钱所。
À, lái zhè biān, zhèr yǒu huànqiánsuǒ.

李无话 这儿不是银行，会不会给我们假钱？
Zhèr búshì yínháng, huìbuhuì gěi wǒmen jiǎqián?

导游 哈哈哈，韩国一般没有假钱。
Hāhāhā, Hánguó yìbān méiyǒu jiǎqián.

王积极 这儿的汇率比较合算。
Zhèr de huìlǜ bǐjiào hésuàn.

❹我已经换了三十万韩币，
Wǒ yǐjīng huàn le sānshí wàn hánbì,

想买一些化妆品。
xiǎng mǎi yìxiē huàzhuāngpǐn.

회화2

孙优雅 我要买电饭锅和钱包，明天去免税店买。
Wǒ yào mǎi diànfànguō hé qiánbāo, míngtiān qù miǎnshuìdiàn mǎi.

李活泼 那明天我也和你一起去免税店。
Nà míngtiān wǒ yě hé nǐ yìqǐ qù miǎnshuìdiàn.

导游 啊，❺你在这儿买也可以到机场退税。
À, nǐ zài zhèr mǎi yě kěyǐ dào Jīchǎng tuìshuì.

李活泼 这就是上次朋友给我买的化妆品，
Zhè jiùshì shàngcì péngyou gěi wǒ mǎi de huàzhuāngpǐn,

补水效果很好，用起来很舒服。
bǔshuǐ xiàoguǒ hěn hǎo, yòngqǐlai hěn shūfu.

孙优雅 那大家就一起去看看吧。哇，这儿的服务真亲切。
Nà dàjiā jiù yìqǐ qù kànkan ba. Wā, zhèr de fúwù zhēn qīnqiè.

李活泼 ❻韩国职员的服务态度都非常不错，除了那个姐姐。
Hánguó zhíyuán de fúwù tàidù dōu fēicháng búcuò, chúle nà ge jiějie.

孙优雅 也许是因为忙了一天比较累吧，
Yěxǔ shì yīnwèi máng le yìtiān bǐjiào lèi ba,

❼你知道这儿一天的游客有多少吗？
nǐ zhīdào zhèr yìtiān de yóukè yǒu duōshao ma?

李活泼 我也是因为旅行了一天很累。她好像就对中国人不亲切，
Wǒ yě shì yīnwèi lǚxíng le yìtiān hěn lèi. Tā hǎoxiàng jiù duì zhōngguórén bù qīnqiè,

你看她对那个美国朋友服务态度多好。
nǐ kàn tā duì nà ge Měiguó péngyou fúwù tàidù duō hǎo.

导游 ❽不要误会，我来替她向您道歉。
Búyào wùhuì, wǒ lái tì tā xiàng nín dàoqiàn.

李活泼 看在导游欧巴的面子上，我原谅她。
Kàn zài dǎoyóu ōubā de miànzi shang, wǒ yuánliàng tā.

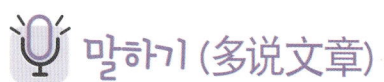 말하기 (多说文章)

* 배운 내용을 활용하여 교체연습을 해보세요.

01 由于设计师设计的服装种类很多，价格也是各有不同。

이유·원인	결과
免税店有很多优惠活动	价格便宜很多
韩国商店不能还价	价格都是一样的
时间不早了	你回宿舍早点休息吧
这种化妆品每个牌子都有	我也不太懂

Tip 由于/因为A，(所以)B

여행 중 발생하는 다양한 상황에 대해서 여행객에게 그 이유를 설명하고 선택하게 해야 할 때가 많다. 그 중에서도 가장 민감한 부분은 바로 돈과 시간에 관련된 부분일 것이다. 특히나 단체생활에서는 더욱 그렇다. 그럴 때 '由于/因为A，(所以)B(A하기 때문에 B하다)' 구문을 활용하면 편리하다.

02 我已经换了30万韩币，想买一些化妆品。

동작1	동작2
付了旅游费	去一趟
买了衣服	给你看一看
买好了电影票	跟你一起去
预定了一个房间	跟朋友们一起住

Tip 已经A，想B

'已经A，想B'는 '이미 A해서 B하고 싶다'는 구문으로 숙지해 두면 여행객의 요구를 중국어로 알아들을 수 있다. 위의 표현은 일상 생활에서도 자주 쓸 수 있는 표현이니 알아두자.

새단어

优惠活动 yōuhuì huódòng 명 할인혜택 | 还价 huánjià 동 가격 흥정하다 |
趟 tàng 양 차례, 번(왕래한 횟수를 세는 데 쓰임)

03 你在这儿买也可以到机场退税。

~할 수 있고	또한(역시) ~할 수 있다
在这边买	到您家附近的商场退换
在这儿休息	有时间看风景
回去汇款	现在拿走
在支付宝付钱	现在交钱

Tip ……也可以……

'……也可以……' 구문은 '~해도 ~할 수 있다'는 뜻으로 쓰여, '이곳에서 사도 공항에서 세금을 돌려받을 수 있다'는 정보를 제공하려 할 때 쓸 수 있는 표현이다. 일단 선택한 방법 외에 또 다른 방법을 선택할 수 있다는 사실을 알려줄 때 유용하게 쓸 수 있다.

04 韩国的职员服务态度都非常不错。

명사	정도부사 + 형용사
交通	很方便
女孩子	非常漂亮
男人	很有礼貌
中文服务	比较周到

Tip 추가 문항에 중국인 여행객이 한국을 여행하면서 제시할 수 있는 내용을 열거해 보았다. '한국의 ~분야는 (모두) ~하다'는 간단한 문형이므로, 다양한 단어를 활용해서 연습하도록 한다.

새단어

退换 tuìhuàn 동 교환 환불하다 | **汇款** huìkuǎn 동 송금하다 |
支付宝 Zhīfùbǎo 명 알리페이(Alipay, 알리바바에서 서비스하는 웹 지불 방식) | **交钱** jiāoqián 동 돈을 지불하다 |
礼貌 lǐmào 명 예절, 예의 | **周到** zhōudào 형 세심하다, 빈틈없다

1. 새 단어의 우리말 뜻을 보고 그에 맞는 중국어와 한어병음, 성조를 써본 후, 소리 내어 발음해보세요.

	우리말뜻	중국어	한어병음과 성조
1	기억하고 있다, 잊지 않고 있다		
2	자유시간		
3	동대문시장		
4	디자이너		
5	디자인하다, 설계하다		
6	복장, 의상		
7	종류		
8	제각기 다르다		
9	환전하다		
10	(위조지폐 등의) 가짜돈		
11	환율		
12	수지가 맞다		
13	면세점		
14	세금을 돌려주다		
15	보습효과		
16	~를 제외하고는		
17	대신하다		
18	사과하다		
19	체면		
20	이해하다, 용서하다		

2. 기본문장의 우리말 뜻을 보고 그에 맞는 중국어와 한어병음, 성조를 써본 후, 소리 내어 읽어보세요.

   1. 여러분이 내일 자유시간에 동대문에 가고 싶다고 하셨죠?

   2. 디자이너가 디자인한 의상에는 종류가 많아서 가격 또한 천차만별입니다.

   3. 저 환전해야 해요.

   4. 저는 이미 30만원 바꿨어요. 화장품 좀 사고 싶어서요.

   5. 이곳에서 사셔도 공항에서 세금을 돌려받으실 수 있어요.

   6. 한국 직원들의 서비스 태도는 모두 훌륭해요.

   7. 너 여기 하루 관광객이 몇 명이나 오는지 알아?

   8. 오해하지 마세요, 제가 그녀를 대신해서 사과할게요.

제10과 我要换钱。

보고 듣고 말하기 (听说读写)  10-6

* 녹음을 듣고 아래 그림을 보며 문제에 답해보세요.

今天的优惠活动：
外国人5%优惠，会员卡5%优惠，可以并用。
外国人可以直接拿到韩国本土商品。

注意：今天客人多，请保管好随身物品。

优惠活动的的化妆品牌子如下：
雪花秀，兰芝，悦诗风吟，伊蒂之屋，SKINFOOD，奇迹GUERISSON

---

1 这儿是免税店，化妆品正好打折。请回答问题。

❶ 今天免税店有什么优惠活动？

_____

❷ 她们可以直接在免税店拿到什么？

_____

❸ 免税店客人多，应该提醒客人做什么？

_____

2 听后复述。(请参考上面(1)的答案回答) 🎧 10-7

李活泼和妈妈一起去了韩国的免税店。刚好现在对外国人有_____，如果办会员卡的话可以_____。和中国网站相比，这儿的产品最少要_____，我们在这儿买了很多不同牌子的商品。再加上_____可以直接在免税店拿出_____，如果早知道这个消息，到韩国先买一些商品，就可以直接使用了。给亲戚朋友买好礼物后，钱_____花了。韩国免税店有世界各个国家的商品，种类_____、_____，购买很方便。但是，现在有很多像我们这样的游客，在这儿很难区分中国人和韩国人。

여행 안내 꿀팁! 한국편

중국인이 추천하는 한국의 음식에 관하여 알아보자.

1. 중국인이 한국에 와서 꼭 먹어보고 싶은 음식 Best 5

벌써부터 군침이 돕니다. 개인의 취향에 따라 그 순서는 다를 수 있지만 관광객을 대상으로 조사한 바에 의하면, 중국인이 한국에 와서 먹어 보고 싶은 음식은 순위별로 불고기, 삼겹살, 치맥, 떡볶이, 닭갈비 등인 것으로 나타났으며, 특히 2015년부터 등장한 '치맥'은 드라마의 영향인 것으로 드러났습니다. 중국에서 중국 친구들과 식사하러 갔을 때 주로 먹었던 것도 이와 비슷하지만 여기에 비빔밥과 감자탕 등이 포함됩니다. 매운 음식을 먹을 수 있는 중국인이라면 한국 음식을 좀 더 폭넓게 맛볼 수 있을 겁니다.

Best 1위 불고기

Best 2위 삼겹살

2. 중국인이 한국에 와서 먹어본 음식 중 인상 깊은 음식

1번의 조사와 비슷한 내용이긴 하지만 실제로 먹어본 다음에 입맛에 맞다고 하는 음식은 좀 달랐습니다. 불고기, 삼계탕, 치킨, 각종 고기 꼬치류, 잡채 등이었습니다 이밖에도 중국에서 먹었던 김치는 모두 가짜라면서 한국의 김치맛에 흠뻑 빠지는 중국 사람들도 많이 보았고, 각종 부침개를 먹으며 맛있다고 감탄을 연발하는 관광객 역시 다수 볼 수 있었습니다. 이 중에서 제가 놀란 것은 길거리에서 파는 닭꼬치 등의 음식이 정말 맛있었다고 답하는 관광객이 많았다는 점입니다.

Best 3위 치킨과 맥주

3. 먹기 힘든 한국의 음식과 꼭 사 가고 싶은 음식

중국인뿐만 아니라 관광객들이 우리나라에서 먹기 힘들어하는 음식은 청국장, 개고기, 홍어삼합, 번데기 등과 각종 생채소라고 합니다. 어떤 외국인은 깻잎이 먹기 힘들었다고 대답하기도 했는데, 이는 많은 한국인이 고수 즉, 시앙차이(香菜)라고 불리는 채소를 먹지 못하는 것과 비슷한 현상입니다. 이밖에 자신의 나라로 꼭 가져 가고 싶은 음식으로는 고추장과 된장 등과 같은 소스류와 라면, 주류 등이 차지했습니다.

이 밖에도 한국 음식은 너무 맵다든가 기름과 고기가 너무 적다는 등의 반응도 있었습니다. 한국에는 고기가 없느냐고 물어보는 재미있는 분들도 많아서 모두 한참 웃기도 했습니다. 아무래도 고기와 채소, 과일 모두 풍부한 중국인들에게는 어색한 일이기도 할 겁니다. 이렇게 중국 관광객의 기호를 잘 알아두었다가 상품 개발 시 활용하면 좋겠습니다.

Best 5위 떡볶이

잡채

비빔밥

KOREA

제11과

我的手机好像落在化妆品店了。

NCS: 국내여행 안내 시 위기 관리

학습목표 중국인 여행객에게 위기가 발생했을 시에 적절한 방법을 중국어로 설명하고 안내할 수 있다.

학습내용
1. 사고 발생의 예방을 위한 유의사항 공지하기
2. 분실사고 후 구체적인 내용 파악하기
3. 구체적인 대처 방안 제안하기
4. 신속하게 처리하기

새단어 🎧 11-1

☐ 手机	shǒujī	명	휴대전화
☐ 落	là	동	빠뜨리다, 놓고 오다
☐ 着急	zháojí	동	초조해하다, 마음을 졸이다
☐ 冰激凌	bīngjīlíng	명	아이스크림(=冰淇淋 bīngqílín)
☐ 快去快回	kuài qù kuài huí		빨리 다녀오다
☐ 新上市	xīnshàngshì	형	새롭게 출시되다
☐ 恐怕	kǒngpà	부	아마 ~일 것이다[원치 않는 결과를 예상]
☐ 幸亏	xìngkuī	부	다행히, 운 좋게
☐ 关门	guānmén	동	영업 종료하다
☐ 部	bù	양	휴대전화를 세는 양사
☐ 女士	nǚshì	명	여사[성인 여성을 칭하는 호칭]
☐ 感谢	gǎnxiè	동	감사하다
☐ 等一会儿	děng yíhuìr		잠시 후, 잠시 기다리다
☐ 感动	gǎndòng	동	감동하다
☐ 丢	diū	동	잃다, 잃어버리다
☐ 赔付	péifù	동	배상금을 지불하다
☐ 可惜	kěxī	형	섭섭하다, 아쉽다
☐ 结束	jiéshù	동	끝나다
☐ 结局	jiéjú	명	결말, 결국
☐ 愉快	yúkuài	형	기쁘다, 유쾌하다

memo

 꼭 외워야 할 기본문장 ── 🎧 11-2

1 快11点了，现在我们要回宾馆了。
　　Kuài shíyī diǎn le, xiànzài wǒmen yào huí bīnguǎn le.

2 我的手机好像落在化妆品店了。
　　Wǒ de shǒujī hǎoxiàng làzài huàzhuāngpǐn diàn le.

3 真对不起，我们一会儿就回来。
　　Zhēn duìbùqǐ, wǒmen yíhuìr jiù huílai.

4 请问一下，你们有没有看到一部女士手机?
　　Qǐngwèn yíxià, nǐmen yǒu méiyǒu kàndào yí bù nǚshì shǒujī?

5 我们一直在等手机主人来取。
　　Wǒmen yìzhí zài děng shǒujī zhǔrén lái qǔ.

6 我想等一会儿再下班。
　　Wǒ xiǎng děng yíhuìr zài xiàbān.

7 如果东西丢了，保险公司会赔付。
　　Rúguǒ dōngxi diū le, bǎoxiǎn gōngsī huì péifù.

8 我们5天4夜的旅行就要结束了。
　　Wǒmen wǔ tiān sì yè de lǚxíng jiùyào jiéshù le.

해석

1 곧 11시네요. 이제 우리 호텔로 돌아가야 겠어요.
2 제 휴대전화를 아무래도 화장품 가게에 놓고 온 것 같아요.
3 정말 죄송해요. 저희 금방 올게요.
4 말씀 좀 여쭐게요, 여기서 여성분 휴대전화 못 보셨는지요?
5 저희는 계속 휴대전화 주인이 가지러 오시기를 기다리고 있었어요.
6 제가 좀 더 기다려 보고 퇴근하고 싶어서요.
7 만약 물건을 잃어버리면 보험회사에서 배상해줘요.
8 우리의 4박 5일 여행이 곧 끝나려고 해요.

회화1 🎧 11-3

导游　❶快11点了，现在我们要回宾馆了。
　　　　Kuài shíyī diǎn le, xiànzài wǒmen yào huí bīnguǎn le.

李活泼　啊！妈，❷我的手机好像落在化妆品店了。
　　　　Ā! Mā, wǒ de shǒujī hǎoxiàng làzài huàzhuāngpǐn diàn le.

　　　　怎么办，旅游的照片都在手机里面。
　　　　Zěnme bàn, lǚyóu de zhàopiàn dōu zài shǒujī lǐmian.

孙优雅　天啊，导游！刚才我女儿的手机落在店里了。
　　　　Tiān a, dǎoyóu! Gāngcái wǒ nǚ'ér de shǒujī làzài diàn li le.

导游　哎，那我回去帮您看一下。
　　　　Āi, nà wǒ huíqù bāng nín kàn yíxià.

李活泼　我也一起去。❸真对不起，我们一会儿就回来。
　　　　Wǒ yě yìqǐ qù. Zhēn duìbuqǐ, wǒmen yíhuìr jiù huílai.

孙优雅　没关系，不着急，我们在这儿吃个冰激凌等你们。
　　　　Méiguānxi, bù zháojí, wǒmen zài zhèr chī ge bīngjīlíng děng nǐmen.

李大爸　快去快回。
　　　　Kuài qù kuài huí.

导游　谢谢！我们走吧。
　　　　Xièxie! Wǒmen zǒu ba.

李大爸　应该是没了，那是新上市的手机，
　　　　Yīnggāi shì méi le, nà shì xīnshàngshì de shǒujī,

　　　　恐怕被别人拿走了。
　　　　kǒngpà bèi biérén názǒu le.

 회화2

导游	幸亏这儿还没关门。 Xìngkuī zhèr hái méi guānmén. ❹请问一下，你们有没有看到一部女士手机？ Qǐngwèn yíxià, nǐmen yǒu méiyǒu kàndào yí bù nǚshì shǒujī?
销售员	在这儿呢，❺我们一直在等手机主人来取。 Zài zhèr ne, wǒmen yìzhí zài děng shǒujī zhǔrén lái qǔ.
李活泼	哦，刚才她……太感谢啦！我刚发现手机没了。 Ó, gāngcái tā …… tài gǎnxiè la! Wǒ gāng fāxiàn shǒujī méi le.
销售员	我跟出去了，但是没看到人。 Wǒ gēn chūqù le, dànshì méi kàndào rén.
导游	这儿其他人都下班了吗？ Zhèr qítā rén dōu xiàbān le ma?
销售员	是的，❻我想等一会儿再下班。 Shì de, wǒ xiǎng děng yíhuìr zài xiàbān.
李活泼	哇，好感动，谢谢啦！可以一起拍张照片吗？ Wā, hǎo gǎndòng, xièxie la! Kěyǐ yìqǐ pāi zhāng zhàopiàn ma?
销售员	好，要拍得好看些哦。 Hǎo, yào pāi de hǎokàn xiē ò.

- 出来商店 -

李活泼	还是好人多呀，刚才我误会了。 Háishi hǎorén duō ya, gāngcái wǒ wùhuì le.
导游	是呀！❼如果东西丢了，保险公司会赔付，但是照片没了就很可惜。 Shì ya! Rúguǒ dōngxi diū le, bǎoxiǎn gōngsī huì péifù, dànshì zhàopiàn méi le jiù hěn kěxī.
李活泼	是呀，❽我们5天4夜的旅行就要结束了。 Shì ya, wǒmen wǔ tiān sì yè de lǚxíng jiùyào jiéshù le. 呼……今天真是一个愉快的结局。 Hū …… jīntiān zhēnshì yí ge yúkuài de jiéjú.

말하기 (多说文章) 🎧 11-5

* 배운 내용을 활용하여 교체연습을 해보세요.

01 快11点了，(现在)我们要回宾馆了。

시간	동작
夜里12点	休息
下午1点	吃饭
上午9点	上课
晚上6点	下班

> **Tip** 快A了，(现在)要B了
> '곧 A입니다. (이제) B해야 겠다(B해야 한다)'라는 말을 하고자 할 때 쓰는 표현이다. 앞의 '快……了'는 '就要……了', '快要……了'와 같은 뜻이나 '快……了'는 중간에 수량이나 시간 등 구체적인 수량사를 넣어 쓸 수 있고 '就要……了', '快要……了'는 그럴 수 없는 것이 특징이다. 뒤의 '要……了'는 '곧 ~해야 겠다, ~해야 한다'의 뜻으로 쓴다. 두 구문을 함께 사용하여 휴식, 식사, 수업, 퇴근 등 다양한 일정을 제시할 때, 특히 여행객들이 아쉬움을 뒤로 하고 숙소로 돌아가야 할 때 귀가를 재촉할 수 있다.

02 我的手机好像落在化妆品店了。

물건	동작
我的钱包	落在车上了
你的护照	放在书桌上了
我的机票	没带来
你的行李箱	超重了

> **Tip** 好像……
> '물건을 놓고 온 거 같아요', '어디에 놓은 것 같아요' 등의 표현이 필요할 때, '물건'에 해당하는 단어를 앞에 제시한 후 '(확실하지는 않으나) 그런 것 같아요'라는 애매한 표현은 '好像'을 써서 표현을 부드럽게 할 수 있다.

새단어

夜里 yèli 명 밤중 | 书桌 shūzhuō 명 책상 | 超重 chāozhòng 동 중량을 초과하다

03 如果东西丢了，保险公司会赔付。

가정	~할 수 있다
你不来	我会去你那儿
钱不够	我给你借钱
末班车没了	我们打的回宿舍
火车票没买到	我们坐飞机去

Tip 如果……

어떤 불안한 상황에 대해 안심시킬 때 쓸 수 있다. 다양한 가정법은 앞 과에서도 배웠다. '如果'를 활용한 위의 표현은 '(걱정하지 마), 만약 그런 상황이 되면 다음과 같은 방법을 쓰면 돼'라고 제시해 주는 표현이다. 여행객을 안심시킬 수 있도록 자연스럽게 구사하는 연습을 해 보도록 하자.

04 我们5天4夜的旅行就要结束了。

기간 + 동작	동사(시작/끝)
4天3夜的旅游	开始
4个月的学期	结束
10天9夜的蜜月旅行	结束
新年生活	开始

Tip 就要A了

'就要A了' 구문은 앞에 A가 다가올 때까지의 구체적인 시간을 앞에 제시한다. '4박 5일의 여행 기간이 곧 끝나려고 해', '3박 4일의 여행이 곧 시작하려고 해' 등 구체적 시간을 제시하고 쓸 수 있는 표현이니 함께 익혀보도록 하자.

새단어

借 jiè 동 빌리다, 빌려주다 | 末班车 mòbānchē 명 막차 | 打的 dǎdī 동 택시를 잡아타다 |
火车票 huǒchēpiào 명 기차표 | 学期 xuéqī 명 학기 | 蜜月旅行 mìyuè lǚxíng 명 신혼여행

쓰기 (写说写说)

1. 새 단어의 우리말 뜻을 보고 그에 맞는 중국어와 한어병음, 성조를 써본 후, 소리 내어 발음해보세요.

	우리말뜻	중국어	한어병음과 성조
1	휴대전화		
2	빠뜨리다, 놓고 오다		
3	초조해하다, 마음을 졸이다		
4	아이스크림		
5	빨리 다녀오다		
6	새롭게 출시되다		
7	아마 ~일 것이다		
8	다행히, 운 좋게		
9	영업 종료하다		
10	휴대전화를 세는 양사		
11	여사[성인 여성을 칭하는 호칭]		
12	감사하다		
13	잠시 후, 잠시 기다리다		
14	감동하다		
15	잃다, 잃어버리다		
16	배상금을 지불하다		
17	섭섭하다, 아쉽다		
18	끝나다		
19	결말, 결국		
20	기쁘다, 유쾌하다		

2. 기본문장의 우리말 뜻을 보고 그에 맞는 중국어와 한어병음, 성조를 써본 후, 소리 내어 읽어보세요.

1 곧 11시네요, 이제 우리 호텔로 돌아가야 겠어요.
_____
_____

2 제 휴대전화를 아무래도 화장품 가게에 놓고 온 것 같아요.
_____
_____

3 정말 죄송해요, 저희 금방 올게요.
_____
_____

4 말씀 좀 여쭐게요, 여기서 여성분 휴대전화 못 보셨는지요?
_____
_____

5 저희는 계속 휴대전화 주인이 가지러 오시기를 기다리고 있었어요.
_____
_____

6 제가 좀 더 기다려 보고 퇴근하고 싶어서요.
_____
_____

7 만약 물건을 잃어버리면 보험회사에서 배상해줘요.
_____
_____

8 우리의 4박 5일 여행이 곧 끝나려고 해요.
_____
_____

제11과 我的手机好像落在化妆品店了。

보고 듣고 말하기 (听说读写) 🎧 11-6

* 녹음을 듣고 아래 그림을 보며 문제에 답해보세요.

上海市公安局案（事）件接报回执单

编号: 2016 0118 1659 2470 0529

报案人	姓名	LI HUOPO
	联系地址	上海市普陀区华东师范大学留学生公寓
	联系电话	15000810529
报案时间		2016年01月18日16时59分

内容: 2016年01月18日15时55分许，报案人LI HUOPO来我公安机关称: 2016年01月16日22时22分许，其在三号线金沙江路站下车时发现口袋里面的手机不见了。

---

1 有人在中国丢了手机。为了提交保险公司后收到赔偿，去警察局申请了丢失报告。请回答问题。

　❶ 她是什么时候丢的手机？

　❷ 她的手机在哪儿丢的？

　❸ 她什么时候才发现自己的手机丢了？

2 听后复述。(请参考上面(1)的答案回答) 🎧 11-7

去中国旅游的一名学生在上海的地铁里丢了手机。她在 ＿＿＿＿＿ 到警察局报了案，申报登录时间是4点59分。推定在 ＿＿＿＿＿ 丢手机了。当时在地铁站里有 跟着她过来，朋友说后面 ＿＿ 有人过来，那个女子嘴里还说 ＿＿＿＿＿，然后这名学生就让开了。可是她还是跟着过来，她 ＿＿ 那个女人很奇怪。她就想和朋友用手机拍下来，＿＿ 从地铁里出来发现包里的手机没了。手机里重要的信息和旅行照片都没了，很可惜。她想到已经加了 ＿＿＿＿，于是开始 ＿＿＿＿。这要 ＿＿＿＿ 并且要拿到 ＿＿＿＿，所以和老师一起去警察局报案了。

여행 안내 꿀팁! 중국편

한국에 관광 오는 많은 중국 관광객들이 한국에 와서 쇼핑하기를 원합니다. 그 이유는 여러 가지가 있을 수 있을 텐데요, 가장 큰 이유는 물건이 다양하고 가성비가 좋다는 점입니다. 특히 옷을 사려고 하는 사람들은 한국에서는 디자인도 다양하고 직접 입어볼 수 있다는 점을 장점으로 뽑았습니다.

쇼핑에 대해 요우커가 원하는 것

1. 화장품 브랜드 선호도

예전에는 무조건 비싼 화장품을 선호하는 분위기였습니다. 이 점은 한국인들 역시 명품화장품을 선호했기 때문에 충분히 이해가 되는 부분입니다. 그런데 한국의 화장품이 브랜드도 다양해지고 그 품질도 훌륭하며 가격이 저렴하면서도 성능이 좋은 화장품이 점점 많아지기 시작했습니다. 그래서 설화수, 후 등의 고가 화장품도 끊임없이 사랑받지만, 요즘은 이니스프리, 토니모리, 미샤, 에뛰드하우스, 스킨푸드 등의 중저가 화장품이 저력을 나타내고 있습니다.

다양한 화장품 브랜드가 즐비한 명동

2. 쇼핑 장소 선호도

중국인들이 가장 많이 찾는 쇼핑의 거리는 뭐니뭐니해도 명동입니다. 여러 나라 관광객에게 명동을 왜 찾냐고 묻는다면 아무래도 모든 브랜드가 모여 있고 같은 브랜드도 여러 매장이 있어서 많이 이동하고 찾지 않아도 쉽게 구매가 가능하기 때문이라고 대답할 겁니다. 또한 면세가 가능하고 유행하는 상품을 한 눈에 알아볼 수 있는 점도 장점으로 꼽았습니다. 그리고 중국어가 능통한 직원이 항상 있는 것도 빠질 수 없는 장점으로 얘기합니다. 이 외에도 홍대, 강남역, 압구정동, 가로수길 등도 빠지지 않는 쇼핑 장소라고 합니다.

3. 여행자 보험 도난 사고와 병원비 접수 방법

어느 나라를 여행하든지 여행자 보험은 꼭 들어두는 것이 좋습니다. 그런데 여행자 보험을 가입했다고 도난 분실 상황에 대해서 모두 보상해 주는 것은 아닙니다. 반드시 인근 경찰서에 가서 '폴리스 리포트'를 받아야 합니다. 거기에는 '도난'이라는 단어가 포함되어야 하며 때에 따라서 자기 부담금이 있을 수 있습니다.

쇼핑의 천국, 명동

또한 여행 가서 아플 때 가장 서럽습니다. 반드시 가이드 등의 도움을 받아서 병원에 방문하도록 하고 영수증과 진단서 등을 구비하신 후 여행자 보험으로 보상받을 수 있습니다.

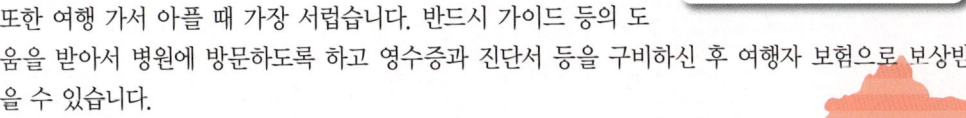

제12과

这次旅行真满意。

NCS: 국내여행 고객 만족 관리

학습목표 중국인 여행객이 국내여행을 마무리하면서 고객만족 관리와 환송 인사를 중국어로 표현할 수 있다.

학습내용
1. 만족도 조사하기
2. 서비스 품질 관리하기
3. 고객 불편 처리하기
4. 출국 수속 안내하기

새단어 🎧 12-1

☐ 幸运	xìngyùn	형	운이 좋다, 행운이다
☐ 辛苦	xīnkǔ	형	수고하십니다, 수고했습니다
☐ 纪念照	jìniànzhào	명	기념사진
☐ 自拍杆	zìpāigǎn	명	셀카봉
☐ 合影	héyǐng	명	단체사진
☐ 荣幸	róngxìng	형	매우 영광스럽다
☐ 手机号(码)	shǒujī hào(mǎ)	명	휴대전화 번호
☐ 发生	fāshēng	동	발생하다
☐ 意外	yìwài	형	의외의, 뜻밖의
☐ 般配	bānpèi	형	잘 어울리다, 짝이 맞다
☐ 微信	Wēixìn	명	위챗[WeChat: 중국 모바일 메신저의 일종]
☐ 女婿	nǚxu	명	사위
☐ 剩下	shèngxià	동	남다, 남기다
☐ 度过	dùguò	동	(휴가나 시간 등을) 보내다
☐ 夜晚	yèwǎn	명	밤, 야간
☐ 晚点	wǎndiǎn		조금 늦다
☐ 退房	tuìfáng	동	체크아웃하다
☐ 呆会儿	dāihuìr	동	잠시 지나다, 잠시 기다리다
☐ 出入境卡	chūrùjìng kǎ	명	출입국 신고서
☐ 填写	tiánxiě	동	채워 쓰다

memo

꼭 외워야 할 기본문장 — 12-2

1 辛苦导游了，我们现在回宾馆吧。
Xīnkǔ dǎoyóu le, wǒmen xiànzài huí bīnguǎn ba.

2 我们在这儿拍一张纪念照吧。
Wǒmen zài zhèr pāi yì zhāng jiniànzhào ba.

3 这次旅行真满意。
Zhè cì lǚxíng zhēn mǎnyì.

4 大家都没有发生什么意外情况，真谢谢各位了。
Dàjiā dōu méiyǒu fāshēng shénme yìwài qíngkuàng, zhēn xièxie gèwèi le.

5 我要把这张照片发到微信里。
Wǒ yào bǎ zhè zhāng zhàopiàn fādào Wēixìn li.

6 我希望大家度过愉快的夜晚。
Wǒ xīwàng dàjiā dùguò yúkuài de yèwǎn.

7 那我们明天9点30分在大厅集合吧。
Nà wǒmen míngtiān jiǔ diǎn sānshí fēn zài dàtīng jíhé ba.

8 自由时间是退房后的上午十点到下午两点。
Zìyóu shíjiān shì tuìfáng hòu de shàngwǔ shí diǎn dào xiàwǔ liǎng diǎn.

해석

1 가이드님 수고하셨어요. 우리 이제 호텔로 돌아가요.
2 우리 여기서 기념 사진 한 장 찍어요.
3 이번 여행 정말 만족스러웠어요.
4 모두 별 탈 없어서 정말 모두에게 감사 드립니다.
5 저 이 사진을 위챗에 올려야겠어요.
6 모두 즐거운 밤 보내시길 바라겠습니다.
7 그럼 우리 내일 9시 30분에 로비에서 집합하죠.
8 자유시간은 체크아웃 후 오전 10시부터 오후 2시까지입니다.

회화1

导游 真幸运，手机没丢。
Zhēn xìngyùn, shǒujī méi diū.

孙优雅 ❶辛苦导游了，我们现在回宾馆吧。
Xīnkǔ dǎoyóu le, wǒmen xiànzài huí bīnguǎn ba.

李美国 ❷我们在这儿拍一张纪念照吧。KIM-CHI!
Wǒmen zài zhèr pāi yì zhāng jìniànzhào ba. KIM-CHI!

'合影'은 '단체사진'이란 뜻으로 '集体照 jítǐzhào'과도 바꿔 쓸 수 있다.

孙优雅 大家等一下！刚才我女儿不是买自拍杆了嘛，一起拍合影吧。
Dàjiā děng yíxià! Gāngcái wǒ nǚ'ér búshì mǎi zìpāigān le ma, yìqǐ pāi héyǐng ba.

李美国 哇，所有人都拍得很好看。
Wā, suǒyǒu rén dōu pāi de hěn hǎokàn.

수사 '一'는 생략이 가능하다. '拍(一)张照片'

李活泼 妈妈，我想和导游欧巴一起拍张照片。
Māma, wǒ xiǎng hé dǎoyóu ōubā yìqǐ pāi zhāng zhàopiàn.

孙优雅 好！
Hǎo!

导游 哈哈哈，和你拍照很荣幸。
Hāhāhā, hé nǐ pāizhào hěn róngxìng.

李活泼 欧巴，这是我的中国手机号，来上海一定要联系我哦……
Ōubā, zhè shì wǒ de Zhōngguó shǒujī hào, lái Shànghǎi yídìng yào liánxì wǒ ò……

导游 我经常去上海呢！
Wǒ jīngcháng qù Shànghǎi ne!

李活泼 那到上海一定要联系我哦，
Nà dào Shànghǎi yídìng yào liánxì wǒ ò,

❸这次旅行真满意。
zhè cì lǚxíng zhēn mǎnyì.

 회화2

导游	❶大家都没有发生什么意外情况，真谢谢各位了。 Dàjiā dōu méiyǒu fāshēng shénme yìwài qíngkuàng, zhēn xièxie gèwèi le.
孙优雅	来，来，KIM-CHI！ Lái, lái, KIM-CHI! 天啊，两个人好般配呀。 Tiān a, liǎng ge rén hǎo bānpèi ya.
李活泼	拍得真好，❷我要把这张照片发到微信里。 Pāi de zhēn hǎo, wǒ yào bǎ zhè zhāng zhàopiàn fādào Wēixìn li.
李美国	看来您要有韩国女婿了。 Kànlái nín yào yǒu Hánguó nǚxu le.
李大爸	好呀！好呀！ Hǎo ya! Hǎo ya!
导游	还剩下一天，回宾馆整理好行李，❸希望大家度过愉快的夜晚。 Hái shèngxià yì tiān, huí bīnguǎn zhěnglǐ hǎo xíngli, xīwàng dàjiā dùguò yúkuài de yèwǎn.
李美国	明天我们晚点集合，行吗？ Míngtiān wǒmen wǎndiǎn jíhé, xíng ma?
导游	好！❹那我们明天9点30分在大厅集合吧。行李也一起拿下来。 Hǎo! Nà wǒmen míngtiān jiǔ diǎn sānshí fēn zài dàtīng jíhé ba. Xíngli yě yìqǐ náxiàlai. ❺自由时间是退房后的上午10点到下午2点。 Zìyóu shíjiān shì tuìfáng hòu de shàngwǔ shí diǎn dào xiàwǔ liǎng diǎn.
李活泼	好期待自由时间呀！导游欧巴也和我一起吧？ Hǎo qīdài zìyóu shíjiān ya! Dǎoyóu ōubā yě hé wǒ yìqǐ ba?
孙优雅	那么你俩一起逛，我跟你爸爸和哥哥一起逛，怎么样？ Nàme nǐ liǎ yìqǐ guàng, wǒ gēn nǐ bàba hé gēge yìqǐ guàng, zěnmeyàng?
导游	对了！我呆会儿发给大家出入境卡，请填写一下吧。 Duì le! Wǒ dāihuìr fāgěi dàjiā chūrùjìng kǎ, qǐng tiánxiě yíxià ba.

말하기 (多说文章) 🎧 12-5

✱ 배운 내용을 활용하여 교체연습을 해보세요.

01 辛苦导游了，我们现在回宾馆吧。

사람	동작
司机	下车
大家	出发
服务员	出去
你	上飞机

Tip 辛苦……了

여행이 끝날 때 마무리가 중요하다. 고객과 함께 여행 상품을 진행한 동료와 중국 회사 등에 감사의 인사를 하는 것을 잊지 말자. 함께 수고했다는 인사를 나누면 좋은 기억으로 잘 마무리될 수 있을 것이다. '辛苦了'는 '수고했다'는 뜻으로 그대로도 쓰지만 상대를 넣어 말할 때에는 '辛苦'와 '了' 사이에 넣는다.

02 这是我的中国手机号，来上海一定要联系我。

연락처	동작
北京公司电话(号码)	来北京
我家里的电话(号码)	来西安
我的邮箱(地址)	来上海
我的中国地址	来中国

Tip 고객을 만족시키는 것은 물론이고 추후에 한국을 다시 찾을 수 있도록 하는 것도 매우 중요하다. 무엇보다도 여행객도 인간관계의 하나이다. 따라서 사람을 중시하는 중국인 관광객과 좋은 인연을 쌓을 수 있다면 더할 나위 없이 좋을 것이다. 뿐만 아니라, 추후 고객만족도 조사를 위해서 자신의 연락처나 회사 등의 연락처를 남겨줄 수 있도록 한다.

새단어

服务员 fúwùyuán 명 종업원(서비스업계 직원) | 邮箱 yóuxiāng 명 우편함, 이메일

03 我要把这张照片发到微信里。

명사(사물)	이메일 등
这张纪念照	QQ邮箱里
那些照片	我的手机上
电子机票	我的邮箱里
购物明细表	朋友博客上

Tip 发到……

'发到……'는 '(~을) (어디로) 전송하다'라는 표현으로 여기에서 동사 '发'는 '사진이나 이메일 등을 전송하다'는 뜻으로 쓰였다. 요즘은 사진을 찍고 그 자리에서 무선 인터넷을 통해 타인과 정보 및 콘텐츠를 공유할 수 있다. 따라서 시시각각으로 많은 중국의 네티즌과 여행 정보가 공유될 수 있으므로 여행 상품 진행시 보다 성실한 태도를 유지한다. 단, 초상권 등의 문제가 있기 때문에 한국에서 마음대로 사람들의 얼굴 등을 찍어서 블로그 등에 올리지 않도록 유의사항을 전달하는 것도 잊지 말자.

04 自由时间是退房后的上午十点到下午两点。

시간	동작	시간	시간
休息时间	吃饭后	下午两点	(下午)四点
准备时间	洗澡后	早上七点	八点
用餐时间	下班后	晚上六点	九点
上课时间	开会后	上午九点	十一点半

Tip A到B

여행 시작에서부터 마지막까지 자유시간이나 식사 시간, 준비 시간 등을 공지할 때, 시간 단위별로 공지하면 더욱 알아듣기 편리하다. 'A到B'의 표현을 익혀서 고객과 활동 시간이나 약속을 잡도록 연습해 볼 수 있다.

새단어

电子机票 diànzǐ jīpiào 명 비행기 E-Ticket | **购物明细表** gòuwù míngxibiǎo 명 구매목록표 |
博客 Bókè 명 블로그 | **洗澡** xǐzǎo 동 목욕하다 | **开会** kāihuì 동 회의하다

1. 새 단어의 우리말 뜻을 보고 그에 맞는 중국어와 한어병음, 성조를 써본 후, 소리 내어 발음해보세요.

	우리말뜻	중국어	한어병음과 성조
1	운이 좋다, 행운이다		
2	수고하십니다, 수고했습니다		
3	기념사진		
4	셀카봉		
5	단체사진		
6	매우 영광스럽다		
7	휴대전화 번호		
8	발생하다		
9	의외의, 뜻밖의		
10	잘 어울리다, 짝이 맞다		
11	위챗(WeChat)		
12	사위		
13	남다, 남기다		
14	(휴가나 시간 등을) 보내다		
15	밤, 야간		
16	조금 늦다		
17	체크아웃하다		
18	잠시 지나다, 잠시 기다리다		
19	출입국 신고서		
20	채워 쓰다		

150

2. 기본문장의 우리말 뜻을 보고 그에 맞는 중국어와 한어병음, 성조를 써본 후, 소리 내어 읽어보세요.

1 가이드님 수고하셨어요, 우리 이제 호텔로 돌아가요.

2 우리 여기서 기념사진 한 장 찍어요.

3 이번 여행 정말 만족스러웠어요.

4 모두 별 탈 없어서 정말 모두에게 감사 드립니다.

5 저 이 사진을 위챗에 올려야겠어요.

6 모두 즐거운 밤 보내시길 바라겠습니다.

7 그럼 우리 내일 9시 30분에 로비에서 집합하죠.

8 자유시간은 체크아웃 후 오전 10시부터 오후 2시까지입니다.

보고 듣고 말하기 (听说读写) — 12-6

* 녹음을 듣고 아래 그림을 보며 문제에 답해보세요.

1. 这张是出入境卡的范本。请回答问题。

   ❶ 他们的航班号是多少?

   ❷ 他们的目的地是什么地方?

   ❸ 他们的韩国国内地址要写在哪儿?

2. 听后复述。(请参考上面(1)的答案回答) — 12-7

现在终于结束了_____。导游在出国前一天提前让大家填写好了_____，我们照着_____填写好，姓和名分开写，但是写到了一起，_____又重新填了一份。王积极告诉我们回国的航班号_____，我们把航班号也填写好了。目的地上写_____，国籍旁边的护照号也都填写好了，可是韩国国内的地址应该怎么写呢?我们还去了济州岛，关于地址的填写有点儿混乱，所以我们一起在地址栏里填写了_____，填好_____，感到这次的旅行_____了，觉得很_____。

여행 안내 꿀팁! 한·중 비교편

한국과 중국의 쇼핑거리를 비교하자면, 서울의 명동과 상하이의 난징루를 들 수 있습니다. 규모로 따지자면 난징루가 훨씬 큰 편이지만 쇼핑상점수로 본다면 명동도 난징루에 뒤지지 않을 정도로 잘 분포되어 있다고 할 수 있습니다.

1. 명동에서는 화장품과 식당

명동에서는 모든 한국 화장품의 쇼핑이 가능합니다. 사실 한국 사람들도 모르는 화장품 브랜드도 많은데, 중국 친구가 와서 함께 명동을 돌아다니다가 친구가 내미는 화장품 사진을 보고 놀랄 때가 많았습니다. '한국에 이런 화장품도 있었어?'라고 말입니다. 그런데 중국의 인터넷 사이트나 블로그를 방문해 보면 다양한 여행 후기와 상품 후기에 굉장한 조회수가 기록되어 있는 것을 볼 수 있습니다. 그래서 오히려 한국인이 따라서 써 보고 좋다고 하는 일도 있으니 말입니다. 그래서 한국의 몇몇 회사들은 상품의 품질 하나로 중국에서 먼저 시장을 개척하고 한국에서 큰 광고 없이 중국인들에게 인정받는 경우도 있습니다.

그리고 명동에는 전국 각지의 음식을 맛볼 수 있습니다. 다만 관광객 위주의 음식이기 때문에 앞에서도 설명한 관광객이 선호하는 음식이 많고 또 매우 혼잡할 때도 많지만, 그래도 중국어와 일본어 등의 메뉴판을 준비하고 있는 곳이 많아서 자유여행 때에도 식사가 가능합니다.

명동의 다양한 화장품 상점들

2. 난징루(南京路)에서는 명품과 다양한 기념품, 코끼리 열차

난징루의 규모는 코끼리 열차 운행이 대변합니다. 난징루는 런민광장역(人民广场站)에서 나와서 난징시루역(南京西路站)을 거쳐서 난징동루로역(南京东路站)을 지나는 등 지하철역 3개 구간에 걸쳐서 펼쳐져 있습니다. 난징동루로를 지나면 상하이 와이탄(外滩)까지 걸어갈 수 있고, 그 길 역시 모두 상점으로 즐비합니다. 난징루에서는 다양한 기념품이 많고 특히 식품류나 약품류가 많습니다. 그리고 무엇보다도 명품 시계나 상품 상가를 비롯해서 유명 백화점과 대형몰이 많은 점이 특징입니다. 중간중간에 위치한 호텔과 옆 블록의 대형 음식점 그리고 발마사지샵 등은 여행에 지친 이들에게 좋은 휴식처가 되기도 합니다. 난징루에 가셔서 난징루 중앙로 말고도 좌측길로 가시면 동네 시장이 나오는데, 그곳에 가서 오랜 전통의 면류나 마라탕 등을 드셔보는 것도 화려한 거리와는 또 다른 분위기를 느낄 수 있을 겁니다.

화려한 난징루의 네온사인

번화한 난징루

난징루의 코끼리 열차

본문 해석 및 연습문제 정답

제1과

회화 1

우웨이여행사	안녕하세요! 우웨이여행사입니다. 서비스해 드리게 되어 영광입니다!
权利多	안녕하세요! 비행기표를 좀 예약하고 싶은데요.
우웨이여행사	말씀 좀 여쭐게요, 언제 어디로 가시는 비행기표인가요?
权利多	저는 4월 29일 상하이 홍차오에서 출발해서 서울 김포에 도착하는 비행기표를 예약하고 싶어요.
우웨이여행사	출발 시간과 돌아오는 시간을 알려주실 수 있을까요?
权利多	만약 오전에 출발할 수 있으면 가장 좋아요. 저는 5월 3일에 돌아올 예정입니다.
우웨이여행사	돌아오실 때도 상하이로 오시는 거, 맞나요? 푸동공항에서 인천공항으로 도착하는 것도 괜찮으신가요?
权利多	네. 그렇지만 저는 상하이 홍차오에서 이륙해서 서울 김포에 착륙할 수 있으면 좋겠어요.
우웨이여행사	정말 죄송합니다. 비행기표가 모두 매진되었습니다.
权利多	아, 알겠습니다. 감사합니다!
우웨이여행사	별말씀을요(천만에요). 다음에 다시 전화주십시오. 안녕히 계세요!

회화 2

王积极	이번 노동절 휴가 기간에 넌 어떻게 보낼 생각이야?
权利多	나는 한국에 여행 가고 싶은데, 비행기표를 못 샀어.
王积极	그래? 이번 노동절 휴가 기간에 나도 한국에 가.
权利多	그럼 넌 비행기표 샀어?
王积极	나는 인터넷에서 여행 상품을 예약했어. 인민폐로 총 5천 위안이고, 싸고 알차.
权利多	정말 좋다! 그런데 지금도 자리가 있을까?
王积极	응, 내가 거기에 두 자리 남겨달라고 했어.
权利多	와, 정말 기대된다, 예약을 좀 도와줄 수 있어? 비자 신청도 잊지 마!
王积极	당연하지! 상품에 비자 신청비와 유류세, 그리고 여행자 보험도 포함되어 있어.

연습문제 정답 및 해석

1. ❶ 她预定了4月29号出发到首尔金浦机场的机票。
   ❷ 一共五千元人民币。
   ❸ 旅行商品包括油税、旅游保险和签证。
   ❹ 她坐韩国航空公司的航班，住(在)韩国大酒店。

2. 她预订了(4月29号下午4点)从(上海虹桥机场)出发到(首尔金浦机场)，5月3号下午6点回来的首尔和济州岛的旅行商品。旅行费一共(5000元人民币)，包括(油税、旅游保险和签证)等项目，不包括自选项目。飞机的航班准备选择(韩国航空)，宾馆准备选择(韩国大酒店)，房间(为双人间)。由于她们要(和其他大学同学一起旅行)，现在非常激动。

해석

그녀는 (4월 29일 오후 4시) (상하이 홍차오 공항)을 출발해서 (서울의 김포 공항)으로 도착해 5월 3일 오후 6시 비행기로 돌아오는 서울과 제주도를 여행하는 상품을 예약했다. 여행 상품은 총 (5,000위안)으로 (유류세와 여행자 보험, 비자) 등의 항목이 포함되어 있고, 선택 관광은 포함되어 있지 않다. 비행기편은 (한국항공편)을 이용하고 호텔은 (한국호텔)에서 묵을 예정이며 방은 (2인실)이다. 그녀는 (다른 대학 동창들과 함께 여행을 갈) 계획으로 지금 매우 설레인다.

1. 이것은 王积极가 예약한 여행 상품의 내용이다. 물음에 답하시오.
❶ 그녀는 언제, 어디로 가는 비행기표를 예약했나?
❷ 여행 상품은 총 얼마인가?
❸ 여행 상품에는 무엇이 포함되어 있나?
❹ 어느 항공편을 타고 어느 호텔에 투숙하나?

+ 추가 단어

激动 jīdòng 동 감격하다, 감동하다
双人间 shuāngrénjiān 트윈룸

经济舱 jīngjìcāng 이코노미클래스
取消 qǔxiāo 동 취소하다
单方差 dānfāngchà 싱글차지
现场 xiànchǎng 명 현장

제2과

회화 1

빵빵여행사 안녕하세요! 한국의 빵빵여행사입니다.
시사여행사 안녕하세요, 연락 주셔서 감사합니다.
빵빵여행사 귀사에서 4월 29일 상하이 홍차오 공항에서 출발해서 서울 김포 공항으로 오는 30명 단체여행객 맞지요?
시사여행사 네, 저희가 한국항공을 타고 오후 4시에 김포공항에 도착합니다.
빵빵여행사 일정표, 고객 성명, 특이사항을 정리해서 이메일로 저희에게 보내주시겠어요?
시사여행사 알겠습니다. 그들은 모두 30명이고 여성이 22명, 남성이 8명입니다. 지금 바로 보내 드릴게요.
빵빵여행사 감사합니다. 이메일을 확인한 후에 문제가 있으면 연락 드릴게요.

회화 2

– 이메일 확인 후 –

빵빵여행사 여행 일정표 받았습니다.
시사여행사 문제가 있나요?
빵빵여행사 4월 29일 한국항공 HK111편으로 입국하고 5월 3일 HK112편으로 출국하며, 한국호텔에 30명 숙박하므로 총 15개의 스탠다드룸을 예약했습니다.
시사여행사 그중 두 분은 부자지간이고, 두 분은 모녀지간인데 한 가족입니다.
빵빵여행사 알겠습니다. 또 그 중 여성 네 분은 대학 동창이시죠?
시사여행사 맞아요. 식사할 때 이 두 팀은 한 테이블에 앉혀 주세요.
빵빵여행사 네, 李美国와 露易斯는 채식주의자인가요?

시사여행사 아, 죄송합니다. 아니에요, 제가 잘못 썼어요.
빵빵여행사 저희는 45인승 대형버스를 준비했습니다.
시사여행사 그럼 저희들이 가이드와 기사의 팁을 함께 드릴 테니 잘 부탁 드립니다.
빵빵여행사 감사합니다, 최선을 다할 테니 걱정하실 필요 없습니다.
시사여행사 만약 변동이 생기면 바로 연락 드리겠습니다.
빵빵여행사 감사합니다!

연습문제 정답 및 해석

1. ❶ 大学同学。
  ❷ 李美国是中国人，露易斯是美国人。
  ❸ 李活泼的妈妈是孙优雅。
  ❹ 他们总共有30名旅客(游客)。

2.
这次的旅行团一共(30名游客)，女性(22名)，男性(8名)。他们(来自)不同的地方，(饮食习惯)也各有不同。其中李大爸、孙优雅、李无话、李活泼是一家人，李大爸、孙优雅是(夫妇)，李无话、李活泼是(兄妹)。王积极、权利多、尹智慧、申恩实是(从青岛过来的大学同学)，李美国和露易斯是从杭州来的，他们是一起在浙江大学学习的同学。其中露易斯是(美国人)，会一点儿中文。(其他人)是从武汉、深圳等地来的游客。

해석

이번 단체여행객은 총 (30명)이고 (22명)이 여성, (8명)이 남성이다. 그들은 모두 여러 곳(에서 왔고) (식습관)이 모두 다르다. 그 중 李大爸, 孙优雅, 李无话, 李活泼는 한 가족으로, 李大爸, 孙优雅는 (부부)이고 李无话, 李活泼는 (남매)이다. 王积极, 权利多, 尹智慧, 申恩实는 (대학 동창으로 칭다오에서 왔다). 李美国와 露易斯는 항저우에서 왔고 浙江大学에서 같이 공부하는 학생인데, 이 중 露易斯는 (미국인)으로 중국어를 조금 할 줄 안다. (다른 사람)은 우한, 선전 등에서 온 여행객이다.

1. 이것은 여행단 명단이다. 물음에 답하시오.
❶ 王积极와 权利多는 어떤 관계인가?
❷ 李美国와 露易斯는 어느 나라 사람인가?
❸ 누가 李活泼의 엄마인가?
❹ 여행객은 모두 몇 명인가?

본문 해석 및 연습문제 정답

+ 추가 단어

关系 guānxi 명 관계
总共 zǒnggòng 부 모두, 전부, 합쳐서

제3과

회화 1

가이드　이번 단체여행단의 (차량) 이동을 부탁 드립니다.
이 기사　안심하세요. 그들은 몇 시에 김포공항에 도착하나요?
가이드　오후 4시에 도착합니다.
이 기사　지금 3시 반이니 아직 시간이 있네요.
가이드　잠시 쉬세요, 고객이 오시면 전화 드릴게요.
이 기사　고객 마중용 피켓은 준비했나요?
가이드　준비했어요. 그리고 생수 30병 준비를 부탁 드려도 될까요?
이 기사　그러죠.
방송　　"한국항공 HK111 항공편이 (이미) 김포공항에 도착했습니다."

회화 2

王积极　"빵빵여행사"의 피켓이 어디 있지?
가이드　환영합니다, 환영합니다! 제가 빵빵여행사의 엄영준 가이드입니다.
王积极　안녕하세요, 이번에 잘 부탁드려요.
李活泼　와, 가이드 오빠 정말 잘 생겼어요!
王积极　네, (보아 하니) 한국 남자들은 정말 잘 생겼네요.
가이드　감사합니다, 저는 잘생긴 편이 아니고요, 내일 저희들이 가는 곳에 잘생긴 분들이 더 많습니다.
王积极　이번 한국 여행 엄청 기대돼요.
李活泼　우리는 어디에서 차를 타나요?
가이드　(전화를 걸어) 저희 지금 왔어요, 아, (차 도착) 벌써 오셨군요. (손님에게) 짐을 차 옆쪽에 두고 승차해 주세요.

－ 호텔에 도착해서 －

이 기사　여러분 안녕하세요, 제가 여러분들의 짐을 로비까지 갖다 드릴게요.

연습문제 정답 및 해석

1. ① 无故电子公司欢迎中国西北大学团队。
   ② 刘教授要访问高丽大学的李教授。
   ③ 刘教授来自北京。
   ④ 李主任负责接客人。

2.
王积极从机场出来看到三个(欢迎牌)，第一个是无故电子公司的李主任欢迎(从中国西安来)的中国西北大学团队的；第二个是棒棒旅行社的导游严英俊(等待)从上海来的旅游团；最后一个就是高丽大学的李教授欢迎(北京大学)刘教授的(标示牌)。(虽然)是第一次见面，但是看到严英俊导游亲自举着欢迎牌迎接我们，我们觉得很(感动)。

해석

王积极는 출입국장으로 나온 후 3개의 (환영표시판)을 보았다. 하나는 无故전자회사의 李주임이 (중국 시안에서 온) 중국 시베이대학팀을 기다리는 것이고, 두 번째가 빵빵여행사의 엄영준 가이드가 상하이에서 온 여행단을 (기다리는 것), 그리고 마지막으로 고려대학교의 李교수가 (베이징대학)의 刘교수를 기다리는 (표시판)이었다. (비록) 처음 만나는 사이지만, 직접 환영표시판을 들고 우리를 환영하는 엄영준 가이드에게 우리는 (감동 받았다).

1. 이것은 환영 푯말이다. 참고해서 답하시오.
   ① 无故전자회사는 누구를 환영하고 있나?
   ② 刘교수는 누구를 방문하려고 하나?
   ③ 누가 베이징에서 왔나?
   ④ 无故전자회사는 누가 손님을 마중하러 왔나?

+ 추가 단어

无故 wúgù 까닭이 없다, 고장이 없다
访问 fǎngwèn 동 방문하다, 회견하다
负责 fùzé 동 책임지다
高丽大学 Gāolí Dàxué 고려대학교(나라 이름 '고려'의 '丽'는 2성)
亲自 qīnzì 부 직접 (하다), 손수
举 jǔ 동 들다, 들어올리다

제14과

회화 1

가이드 다시 한 번 여러분 대한민국의 수도, 서울에 오신 것을 환영합니다! 서울의 시각은 중국 시각보다 한 시간 빨라서 현재 시각은 4시 30분입니다.

– 마이크를 이 기사에게 –

이 기사 안녕하세요, 저는 이번 4박 5일간 여러분께 차량 서비스를 제공하게 된 이 기사입니다.

모두 (박수를 치며) 와, 우리 지금 어디로 가는 거죠?

가이드 우리는 우선 호텔에 가서 방을 배치한 후, 다시 저녁 식사 장소로 이동하겠습니다.

权利多 아, 우리는 이미 비행기에서 먹어서 별로 배고프지 않아요.

가이드 걱정하지 마세요. 우리는 밥 먹기 전에 인사동을 한 바퀴 돌 거예요.

权利多 그렇군요, 저 책에서 인사동을 본 적이 있어요.

가이드 인사동은 한국 옛문화 거리예요, 참관하러 가 보시죠.

회화 2

王积极 저기, 가이드님은 어디 분이세요?

가이드 당연히 한국인이지요.

王积极 하하하, 한국 어느 지역 분이냐고요.

가이드 저는 서울 사람이에요, 서울에서 태어나서 서울에서 자랐어요.

王积极 비록 저희들은 모두 상하이에서 왔지만 각자 고향이 달라요. 저분들은 우한, 저분들은 션전, 저희는 칭다오 출신이고, 다른 분들은 다 상하이 분들이세요.

가이드 네, 이미 알고 있습니다. 그런데 리메이궈 씨는 중국인이세요?

李美国 네, 근데 전 아빠가 중국인이고 엄마는 미국인이세요.

王积极 이 분 중국어 진짜 잘해요.

李活泼 맞아, 맞아! 친구분도 중국어 할 줄 알아요?

露易斯 저는 조금 할 줄 알아요, 천천히 얘기해 주세요.

가이드 네, 만약 불편한 점이 있으시면 반드시 제게 얘기해 주세요.

이 기사 여러분, 숙소에 도착했습니다. 우리 내일 만나요.

李活泼 와, 이 숙소 진짜 좋네요, 이 기사님, 내일 만나요!

연습문제 정답 및 해석

1. ❶ 15个房间。
   ❷ 她们是因为大学同学。
   ❸ 有。
   ❹ 805号和806号房间得重新安排。李美国和露易斯在一个房间，王胖胖和安起勋在一个房间。

2.
他们一共预定了(15个房间)，所有的房间都在韩国大酒店8层，2人1室的标准间。李大爸和李无话住在(801号)，李活泼和孙优雅住在803号，房间都是双数挨着(双数)，(单数)挨着(单数)。可是李美国和露易斯(由于旅行社的失误)没有安排到同一个房间。从武汉来的王胖胖和安起勋也应该(安排到同一个房间)，导游发现这个问题后立刻去酒店前台协调。

해석

그들은 모두 (15개의 방)을 예약하였다. 방은 모두 한국대주점 10층에 배정되었고 2인 1인실인 스탠다드룸이다. 李大爸과 李无话는 (801호), 李活泼와 孙优雅는 803호에서 잔다. 방번호 (짝수)는 (짝수)가 옆방이고, 홀수는 (홀수)가 옆방이다. 그런데 李美国과 露易斯가 (여행사의 착오로) 같은 방에 배정되지 않았다. 王胖胖과 安起勋도 우한에서 온 친구 사이로 (같은 방을 써야) 한다. 가이드는 이 문제를 알고 바로 호텔 데스크에 배정을 바로잡으러 갔다.

1. 이것은 여행단의 숙소 배치표이다. 물음에 답하시오.
   ❶ 이들 여행단은 모두 몇 개의 방이 필요한가?
   ❷ 尹智慧와 申恩实는 왜 함께 배치되었나?
   ❸ 위의 숙소 배치 중 잘못된 부분이 있는가?
   ❹ 숙소 안배를 조정하시오.

➕ 추가 단어

恰当 qiàdàng 형 알맞다, 타당하다

调整 tiáozhěng 동 조정하다, 조절하다

双数 shuāngshù 명 짝수

挨 āi 동 인접하다, 붙어 있다

单数 dānshù 명 홀수

失误 shīwù 동 실수를 하다, 잘못 하다

본문 해석 및 연습문제 정답

前台 qiántái 명 프런트 데스크
协调 xiétiáo 동 어울리게 하다, 조정하다

연습문제 정답 및 해석

1. ❶ 准备好了。
   ❷ 他准备了旅行社小旗子、旅客姓名牌、油费、饭费和门票费。
   ❸ 韩国的棒棒旅行社。
   ❹ 济州岛往返机票。

2. 严英俊导游做了一(份)接到旅行团后(确认)相关负责人和需要准备物品的(计划表)，为中国的时事旅行社提供这次旅行团所有游客姓名的清单。韩国(棒棒旅行社)预定酒店、联系饭店，还有济州岛的往返机票，但是去济州岛的机票还没有准备好。在导游去(迎接游客)的时候李司机负责准备30瓶矿泉水，还有严英俊导游已经准备好了(姓名牌和旅行社的小旗子)。

해석

엄영준 가이드는 여행팀을 맡은 후 책임자와 준비 여부를 체크할 수 있는 (준비물 리스트)를 한 (부) (만들었다). 이번 여행의 모든 여행객 명단과 Rooming List는 중국의 시사여행사에서 준비해 주었다. 호텔 예약과 식당 연락 그리고 제주도 왕복비행기표는 (한국의 빵빵여행사)에서 준비하기로 했는데 제주도 비행기표가 아직 준비되지 않았다. 생수 30병은 가이드가 (손님을 영접하러) 갔을 때 이 기사님이 준비해 줬고, 그 밖의 (이름표와 여행사 깃발)은 엄영준 가이드가 이미 준비해 놓았다.

1. 이것은 엄영준 가이드가 준비한 여행 물품 체크리스트이다. 질문에 답하시오.
   ❶ 여행객 명단은 모두 준비했나?
   ❷ 엄영준 가이드는 어떤 부분의 준비를 맡았나?
   ❸ 누가 숙소와 식당 연락을 책임지고 있나?
   ❹ 어느 항목이 아직 준비가 안 되었나?

➕ 추가 단어

食宿 shísù 명 숙식
清单 qīngdān 명 명세서, 목록

제5과

회화 1

가이드 호텔 방 배정을 이미 끝냈습니다. 여러분들은 각자 방에 가셔서 저를 기다려주세요.
李大爷 왜요?
가이드 제가 여러분들의 객실 상황을 체크해야 합니다.
王积极 그런 거군요. 저기 벨보이가 짐을 가져다 주면 팁 줘야 하나요?
가이드 주셔도 되고 안 주셔도 됩니다.
王积极 그럼 좀 줄게요.
가이드 감사합니다! 여러분은 우선 짐을 정리하시고 6시 전까지 로비에 모여주세요.
모두 좋아요, 잠시 후에 봐요.
가이드 저녁에 좀 추울 수 있으니 카디건을 준비하시는 것이 좋겠습니다.

회화 2

가이드 여러분, 방은 만족스러우신가요?
李美国 네, 이상한 냄새도 안 나고 깨끗하네요.
가이드 그거 정말 잘 됐네요, 그럼 우리 지금 바로 출발하겠습니다. 개인 휴대 물품을 잘 준비하시고 반드시 이 깃발을 따라 오셔야 합니다.
权利多 오늘 저녁에 우리 뭐 먹어요?
王积极 방금 가이드가 삼계탕 먹는다고 말했는데 너 주의 깊게 듣지 않았구나?
权利多 죄송해요, 그거 제가 정말 제일 먹고 싶었던 거예요.
가이드 제가 여러분들을 '서울유명촌'의 삼계탕을 드실 수 있도록 모셔다 드릴 거예요.
李美国 걸어서 인사동에 가려면 얼마나 걸리나요?
가이드 걸어서 5분 정도 가면 되고요, 거기서 다시 5분 걸어가면 식당이에요.
모두 좋아요, 우리들이 뒤따라 갈게요.

제6과

회화 1

가이드 좋은 아침이에요! 저녁에 잘 쉬셨나요?
孙优雅 좋은 아침! 조식이 엄청 맛있었어요. 게다가 중국 음식도 있네요.
가이드 있지요. 이곳은 외국 손님들이 자주 숙박하셔서 아침은 뷔페예요.
李活泼 이러면 저 살찔 것 같은데요. 듣자 하니 한국 식당의 음식량이 매우 적다고 해서 제가 간식을 많이 샀어요. 좀 드릴게요.
가이드 감사합니다. 우리 이제 차 타고 출발해야 해요. 이제 여러분에게 오늘의 일정을 소개할게요.
李活泼 가이드 오빠, 저도 차가운 물 마셔 보고 싶어요.
가이드 마실 수 있겠어요?
李活泼 기왕 한국에 왔으니 저도 한국 사람처럼 차가운 물을 마셔 보고 싶어요.
가이드 배탈을 방지하기 위해서 좀 적게 마시는 게 좋겠어요.
李活泼 네.

회화 2

가이드 오늘 우리는 우선 남산타워에 가요. 아침 날씨가 좋아서 타워에서 서울 전경을 보실 수 있을 거예요.
李美国 케이블카를 타나요?
가이드 네, 일정표에 따라서 우리는 우선 케이블카로 왕복하고 그 다음에 명동에 갈 거예요.
李活泼 와, 저는 명동에 가서 살 게 많아요.
가이드 우리는 오늘 그냥 잠시 돌아다닐 거예요, 시간이 비교적 빠듯하기 때문에 가격만 좀 볼 수 있어요.
孙优雅 그래, 우리 5월 3일 자유일정일에 홍대와 명동에 갈 수 있잖아.
가이드 여러분, 점심에 명동칼국수를 먹고 명동을 돌아다닌 후 경복궁에 갈 거고, 저녁식사로 불고기를 드신 후 숙소로 돌아갈 거예요. 모두 준비되셨나요?
모두 준비됐어요. 오늘 잘 부탁 드려요!

연습문제 정답 및 해석

1.
❶ 每天早上8点半集合。
❷ 4月30号去明洞坐缆车。
❸ 5月3号游客有自由时间。
❹ 宾馆每天早上6点半开始提供早餐。

2.
游客收到了5天4夜的行程表，首先在4月29号去仁寺洞参观，吃完晚饭后回宾馆休息。首尔的韩国大酒店在4月30号、5月1号、5月3号(从早上6点30分)开始提供早餐。4月30号和5月1号(早上8点半集合)，5月2号(为了)能在济州岛的城山日出峰上看到日出，需要(早上6点出发)，早餐就在附近的饭店喝鲍鱼粥。最后一天，9点集合后集体退房，(从10点开始到下午2点)是自由时间。游客最为期待的日程就是4月30号去N首尔塔坐缆车和(5月1号开始的2天1夜)的济州岛之行。

해석

여행객 모두 4박 5일간의 일정표를 받았다. 우선 4월 29일에는 인사동을 구경하고 저녁 식사 후 휴식을 하게 되어있다. 4월 30일, 5월 1일, 5월 3일은 (6시 30분)부터 서울의 한국호텔에서 아침식사를 제공한다. 4월 30일과 5월 1일에는 (8시 30분에 집합하고), 5월 2일에는 제주도 성산일출봉에서 일출을 보기 (위해) (아침 6시에 출발)하므로 아침 식사는 근처 식당에서 전복죽을 먹는다. 마지막 날에는 9시에 모여 체크아웃을 하고, (10시부터 오후 2시까지) 자유시간을 갖습니다. 여행객들이 특히 기대하는 일정은 바로 4월 30일 남산타워에 가서 케이블카를 타는 것과 (5월 1일부터 1박 2일 진행하는) 제주도 여행이다.

1. 이것은 여행 일정표이다. 물음에 답하시오.
❶ 4월 30일과 5월 1일은 몇 시에 모이나?
❷ 며칠에 명동에서 케이블카를 타나?
❸ 며칠에 자유시간이 있나?
❹ 호텔에서는 매일 몇 시에 아침식사가 가능한가?

본문 해석 및 연습문제 정답

제7과

회화 1

王积极 사람 진짜 많네요.
가이드 지금은 여행 성수기라서 중국인 여행객(요우커)이 특히나 많습니다.
王积极 그러게요, 여행사 깃발이 모두 붉은색이에요.
가이드 하하하, 말도 마세요. 다행히도 우리는 노란색 깃발이에요.
李大爸 그래서 우리 깃발이 훨씬 눈에 띈다는 거죠.
가이드 자, 입장권 샀으니 우리 모두 함께 들어갑시다. 이곳이 바로 한국의 고궁인 경복궁입니다.
李大爸 경복궁과 중국의 고궁(자금성)이 비슷해요.
王积极 그러나 여기가 좀 작은 것 같은데요.
가이드 두 분 말씀이 맞아요, 많은 분들이 경복궁과 고궁(자금성)을 가지고 비교합니다.

회화 2

李活泼 한국의 건축은 정교한 것 같아요. 한국이 땅이 비교적 좁아서인가요?
가이드 건축 양식과 문화가 다르기 때문이라고 말씀 드릴 수 있는데, 경복궁은 독특한 풍격을 가지고 있습니다.
李活泼 궁궐 윗부분에 칠한 색동 문양이 정말 예뻐요!
가이드 여기가 광화문인데 임진왜란 때 전소되어 조선 말기에 중건되었고 지금도 여전히 복원중입니다.
王积极 맞다, 경주는 여기서 먼가요?
가이드 경주는 경상북도에 있고 차로 3시간 이상 가야 합니다.
李美国 거의 상하이에서 항저우 가는 거리 밖에 안 되네요.
가이드 하하하, 3시간은 한국에서는 매우 먼 거리예요.
王积极 듣자 하니 경주에 한국의 문화 유산이 많다고 하던데요. 다음에 경주로 여행 가야겠어요.

연습문제 정답 및 해석

1. ❶ 这儿是韩国的古宫——景福宫。
   ❷ 光化门是景福宫的南门。
   ❸ 有三清洞、美术馆、韩屋村等。
   ❹ 他们下午三点在停车场集合。

2. 景福宫是(韩国的古宫)之一，在首尔市钟路区。景福宫在朝鲜时代两乱、韩国战争时被烧了几次。光化门是(景福宫的南门)，也一直在复原中，(2010年)才复原到(现在的外观和位置)，可其他景福宫里的宫殿都还在复原中。其中勤政殿作为(景福宫的正殿)，有"勤奋治理朝政"之意，是王宫里最庄严的中心建筑，象征(王权)。景福宫里有很多王宫，(各有特点)。而且导游说附近有(三清洞、美术馆、韩屋村)等很多可玩儿的地方。但是这次我们只能看到这些，(下午三点)在(停车场)集合移动，下次我(还是)自己来逛一趟。

해석

경복궁은 (한국의 고궁) 중 하나로 서울시 종로구에 위치하고 있다. 경복궁은 조선시대 양란과 한국전쟁을 겪으면서 여러 번 불탄 적이 있다. 광화문은 (경복궁의 남문)으로 계속 복원 중으로 (2010년)에서야 (현재의 외관과 위치)로 복원되었으나 다른 경복궁의 궁궐은 여전히 복원 중이다. 그 중 근정전은 (경복궁의 정전)으로 '부지런히 정치에 힘쓰다'라는 뜻이 있고, 왕궁에서 가장 장엄한 중심 건축물이며 (왕권)을 상징하기도 한다. 경복궁에는 많은 왕궁이 있는데 (모두 각각의 특징이 있다). 가이드는 경복궁 부근에 (삼청동, 미술관, 한옥마을) 등 여러 가볼 만한 곳이 있다고 하였으나 이번에는 이 곳 밖에 볼 수가 없고 (오후 3시)에 (주차장)에서 집합해서 이동해야 한다. 다음에 나는 (또) 혼자서 한 번 와 봐야겠다.

1. 이것은 명승고적의 지도이다. 물음에 답하시오.
❶ 여기는 어디인가?
❷ 광화문은 무엇인가?
❸ 이곳 근처에 가볼 만한 곳이 있나?
❹ 그들은 몇 시에 여기서 모이기로 했나?

➕ 추가 단어

正殿 zhèngdiàn 몡 정전
勤奋 qínfèn 혱 꾸준하다, 부지런하다
治理 zhìlǐ 동 통치하다, 다스리다
朝政 cháozhèng 몡 조정의 정치, 국정
庄严 zhuāngyán 혱 장엄하다
王权 wángquán 몡 왕권

제8과

회화 1

가이드 호텔에 물건 놓고 오신 거 있나요?
李美国 없어요, 우리들은 내일 저녁에 또 이 곳에서 묵는 거죠?
가이드 맞아요, 내일도 여기에 올 거예요.
孙优雅 만약 물건을 여기에 놓고 가면 누가 가져가나요?
가이드 아닙니다. 호텔 직원이 여러분들을 위해서 보관해줄 겁니다. 여권과 비행기표는 모두 저한테 있으니 다들 안심하세요. 이제 우리는 김포공항으로 갑니다.
王积极 와, 제주도에 가는구나.

가이드 제주공항에 도착했습니다.
李美国 아, 저기 설마 ≪런닝맨≫의 "유재석"이야?
王积极 와, 보니까 ≪런닝맨≫ 촬영중인가보네, "하하"와 "김종국", "송지효"도 있어.
李活泼 어디? 어디요? 빨리 사진 찍어요.
李美国·李无话 한국 아이돌 걸그룹 보고 싶다!

회화 2

가이드 잠시만요, 우리 이제 가야 하는데요! 좋습니다. 우리 시간이 조금 있으니, 여러분들께 20분 드릴게요. 20분 후 여기에 모여 주세요. 조심하세요!
李活泼 유재석 진짜 잘 생겼어요. 화면에서보다도 훨씬 나아요. 그래도 나는 역시 가이드 오빠가 제일 잘 생긴 것 같아.
가이드 "오빠"라는 이 단어는 한국에서는 친오빠, 남자친구 등등의 몇 가지 뜻이 있어서, 함부로 사용하시면 오해를 불러 일으킬 수 있어요.
李活泼 그럼 전 역시 오빠라고 불러야겠어요.
孙优雅 너도 참!
가이드 제가 오늘 일정을 일러 드릴게요. 오늘 우리는 우선 한라산에 가고, 그 다음 승마 체험은 선택 관광입니다. 원하시는 분은 제게 얘기해 주세요. 저녁에는 모두 제주도 흑돼지고기를 먹으러 갈 거예요.
权利多 와, 제주도의 흑돼지는 내가 제일 먹고 싶었던 거야.
王积极 너 먹으러 왔니?
가이드 그리고 내일 아침 6시에 우리는 성산일출봉에 갔다가 아침은 전복죽을 드시고, 점심에는 중문 관광단지를 한 바퀴 돌아본 후 돌아갈 겁니다.
이 기사 이제 숙박하실 곳에 도착했습니다. 내리십시오.

연습문제 정답 및 해석

1. ❶ 在韩国的地铁站无论在哪儿都禁止吸烟。
❷ 手机要在地铁上调至振动或者静音，最好在下车后通话。
❸ 最好把背包放在脚下。
❹ 把好电梯扶手，站成两排，不要再上面跑跳打闹。

2.
如果想乘坐韩国的地铁去旅行的话，需要了解乘地铁的礼节。在韩国的地铁站里(无论在哪儿都禁止吸烟)。当地铁门开的时候要等着(下车的人都出来后排队上车)，排队的位置在地铁门前的(两侧位置)。在地铁内不要大声喧哗，电话要调至震动或者静音，最好(在下车后)通话。如果背书包乘地铁的话，需要(把背包放在脚下)。乘坐自动扶梯时(把好电梯扶手，站成两排)，不要在上面跑跳打闹。由于上下班时间人多，是无法带自行车乘坐地铁的，上下车时要养成提前准备好的习惯。

해석

한국의 지하철을 타고 여행을 하고 싶다면 지하철 타기 에티켓을 알아야 한다. 한국의 지하철역에서는 (어디서라도 담배를 피울 수 없다). 지하철문이 열리면 (내리는 사람이 내린 후 타야 한다). 줄을 서는 위치는 지하철 문 앞 (양 옆쪽)이다. 지하철 내에서는 큰 소리로 떠들지 않고 휴대전화는 진동이나 무음으로 조정하고 통화는 (지하철에서 내린 후) 하는 것이 좋다. 만약 백팩을 메고 지하철에 탔다면 (가방을 발 아래쪽으로 내려 놓아야) 한다. 에스컬레이터에서는 (손잡이를 잘 잡고 두 줄로 서고), 뛰거나 장난치지 않는다. 출퇴근 시간에는 사람이 많으므로 자전거를 가지고 탑승할 수 없고 승하차 시 미리 준비하는 습관을 갖도록 한다.

1. 이것은 지하철에 관한 사진이다. 모두 함께 보고 답하시오.
❶ 지하철역에서는 담배를 피워도 되는가?

본문 해석 및 연습문제 정답

❷ 지하철 내에서 휴대전화는 어떻게 사용해야 하나?
❸ 지하철 내에서 백팩은 어디에 놓는 것이 가장 좋을까?
❹ 에스컬레이터에서 어떻게 해야 할까?

✚ 추가 단어

抽烟 chōuyān 담배(를) 피우다, 흡연하다
背包 bèibāo 명 배낭
自动扶梯 zìdòngfútī 명 에스컬레이터
禁止吸烟 jìnzhǐxīyān 흡연 금지
排队 páiduì 동 순서대로 정렬하다, 줄을 서다
喧哗 xuānhuá 동 떠들다
震动 zhèndòng 동 진동하다
静音 jìngyīn 음소거, 매너모드
打闹 dǎnào 동 떠들다, 시끄럽게 굴다
养成 yǎngchéng 동 습관이 되다, 길러지다

제9과

회화 1

가이드 제주도 여행 어떠셨어요?
权利多 제가 만약 다시 제주도에 온다면 반드시 한라산에 오르겠어요.
王积极 내 생각엔 넌 영원히 갈 수 없을 거야.
权利多 나 반드시 가겠어!
가이드 한라산에서 좋은 날씨가 자주 나타나진 않지만 그래도 등산로는 편안해요.
– 서울로 돌아와서 –
가이드 우리 다시 서울의 호텔에 돌아왔습니다. 만약 명동에 쇼핑하러 가실 분은 30분 후에 1층에 모여 주세요.
모두 좋아요.

회화 2

权利多 이 시간에도 사람이 엄청 많네요.
가이드 한국은 새벽까지 밖에 사람이 많아요, 이 정도는 보통이랍니다.

王积极 와, 저 지하철 한 번 타 보고 싶어서 내일 지하철 타려고 했어요. 우리 지금 표 사는 거 연습하는 거 어때요?
가이드 좋습니다, 그럼 모두 이쪽으로 오세요. 1만 원 이하의 지폐나 동전 모두 사용할 수 있어요. 중국어 사용 설명이 있는데, 모두 보셨죠?
李活泼 중국어가 있다고요? 너무 좋네요! 엥? 왜 500원을 더 내요?
가이드 맞습니다, 이 500원은 1회용 교통카드의 보증금이에요. 나오실 때 표를 옆의 기계에 넣으시면 거기서 자동으로 환불됩니다.
방송 "명동으로 가는 지하철이 곧 도착합니다."
李活泼 그렇군요. 중국어 방송이 나와서 정말 편리하네요.
王积极 다음에 우리 자유여행 한 번 오는 거 어때요?
가이드 좋은 생각이에요! 한국은 대중교통이 매우 편리해요. 언제든지 여러분의 한국 방문을 환영합니다.

연습문제 정답 및 해석

1. ❶ 左边橙色和紫色的。
   ❷ 充钱项目。
   ❸ 有500韩元的保证金。
   ❹ 不可以。

2.
我们和导游要一起去市厅站，我们一起买了(各自)的地铁票，由于韩国首尔地铁的售票机都有(中文说明)，非常方便。一次性交通卡可以乘坐一次地铁(到达目的地)，需要交500韩元的(保证金)，使用后把交通卡放到返还机里，500韩元(自动返还)。可是首尔市民一般用信用卡或者T-Money卡，往卡里(充钱后使用)，坐公交车，换乘都非常方便。一次性卡在鹭梁津站1号线、9号线，首尔站京义线和1号线和4号线之间是(不能换乘)的。

해석

우리는 가이드와 함께 시청역으로 가서 함께 (각자)의 지하철표를 사 보기로 했다. 한국의 서울 지하철표 판매기에는 (중국어 사용 설명)이 있어서 매우 편리했다. 1회용 교통카드는 지하철을 한 번 타면 (도착지까지) 쓸 수 있는데 500원의 (보증금)이 있으며 사용 후에 반환기에 넣으면 500원이 (자동으로 반환된다). 그러나 서울 시민들은 대체로 신용카드를 쓰거나 T-Money 카드를 이용하는데, 카드에 (충전해서 사용함으로써) 버스 탑승과 환승까지 다 되어 편리하다. 1회용 카드는 노량진역에서 1호선과 9호선, 서울역에서 경의선과 1호선, 4호선 사이의 (환승이 안 된다)는 점도 있기 때문이다.

1. 이것은 한국 서울의 지하철 매표기의 화면이다. 물음에 답하시오.
   ❶ 그들은 1회용 교통카드를 사려고 한다. 어느 부분을 눌러야 할까?
   ❷ 화면의 오른쪽 파란색 네모칸은 무엇인가?
   ❸ 1회용 교통카드에는 보증금이 있나?
   ❹ 그들은 (1회용 카드를 이용해서) 노량진역에서 환승 후 강남역으로 갈 수 있나?

+ 추가 단어

橙色 chéngsè 명 오렌지색

紫色 zǐsè 명 자색, 자줏빛

充钱 chōng qián 돈을 충전하여 쓰다

제10과

회화 1

李无话 와, 명동의 사람이 어떻게 이렇게 많지?
王积极 이곳은 동대문시장에서 먼가요? 저는 동대문에도 가고 싶은데요.
가이드 여기서 가까워요. 기억에 여러분이 내일 자유시간에 동대문에 가고 싶다고 하셨죠?
权利多 네, 모두가 동대문시장의 옷이 싸다고 해서 좀 많이 사려고요.
가이드 디자이너가 디자인한 의상에는 종류가 많아서 가격 또한 천차만별이에요.
王积极 저는 이미 인터넷에서 다 찾아 봤어요.
李无话 아, 저 환전해야 해요.
가이드 아, 이쪽으로 오세요, 이곳에 환전소가 있어요.
李无话 여기는 은행이 아니라 위조지폐도 있겠죠?
가이드 하하하, 한국에는 일반적으로 위조지폐가 없습니다.

王积极 여기 환율이 비교적 괜찮네요. 저는 이미 30만 원 바꿨어요, 화장품 좀 사고 싶어요.

회화 2

孙优雅 저는 전기밥솥과 지갑을 살 건데, 내일 면세점에 가서 사려고요.
李活泼 그럼 내일 저도 함께 면세점 갈래요.
가이드 아, 이곳에서 사셔도 공항에서 세금을 돌려받으실 수 있어요.
李活泼 이게 바로 지난번에 친구가 사다 준 화장품인데, 보습 효과가 좋아서 써보니 좋더라고요.
孙优雅 그럼 우리 같이 좀 보자. 와, 여기 서비스 정말 친절하네.
李活泼 한국 직원들의 서비스 태도는 모두 훌륭해요. 저 언니 빼고요.
孙优雅 아마 하루 종일 바빠서 좀 피곤한 걸 거야, 너 여기 하루 관광객이 몇 명이나 오는지 알아?
李活泼 나도 하루 종일 여행해서 피곤하거든요. 저 언니 중국인한테만 불친절한 것 같아요. 보세요, 저기 미국 친구한테는 서비스 태도가 좋잖아요.
가이드 오해하지 마세요, 제가 그녀를 대신해서 사과할게요.
李活泼 가이드 오빠 체면을 생각해서 제가 사과를 받아들일게요.

연습문제 정답 및 해석

1. ❶ 今天对外国人有5%的优惠，如果办会员卡的话可以再多享受5%的优惠。
   ❷ 外国人可以直接在免税店拿出韩国本土生产的化妆品
   ❸ 今天客人多，应该保管好随身物品。

2. 李活泼和妈妈一起去了韩国的免税店。刚好现在对外国人有(5%的优惠)，如果办会员卡的话可以(再多享受5%的优惠)。和中国网站相比，这儿的商品最少要(便宜30%以上)，我们在这儿买了很多不同牌子的商品。再加上(外国人)可以直接在免税店拿出(韩国本土生产的商品)，如果早知道这个消息，到韩国先买一些商品，就可以直接使用了。给亲戚朋友买好礼物后，钱(几乎都)花了。韩国的免税店有世界各个国家的商

본문 해석 및 연습문제 정답

品，种类(齐全)、(干净整洁)、购买很方便。但是，现在有很多像我们这样的游客，在这儿很难区分中国人和韩国人。

해석

李活泼와 엄마는 함께 한국의 면세점을 방문했다. 때마침 지금 외국인 관광객에게는 (5%의 할인)을 해 주고 회원카드를 만들면 (추가로 5%를 더 할인해 준다)고 한다. 중국의 인터넷과 가격을 비교해보니 이곳의 가격이 거의 (30% 이상 저렴)해서 우리는 이곳에서 각 브랜드별로 다양하게 쇼핑을 했다. 게다가 (외국인)은 (한국에서 생산된 상품)은 면세점에서 즉시 가져갈 수 있어서, 미리 이 정보를 알았다면 한국에 도착한 후 먼저 물건을 사서 바로 쓸 수 있었을 것이다. 친척과 친구들의 선물까지 사고 나니 환전한 돈을 (거의 다) 써 버리게 되었다. 한국의 면세점에는 세계 각국의 물건이 있는데 (종류도 완벽하고) (깨끗하게 정리되어 있어서) 구매하기에 편리하다. 다만 지금은 우리와 같은 관광객이 너무 많아서 중국인인지 한국인인지 구분하기 힘들다.

1. 여기는 면세점으로, 화장품이 현재 세일중이다. 물음에 답하시오.
   ❶ 오늘 면세점에서는 어떤 세일 항목이 있나?
   ❷ 그녀들은 어떤 물품을 직접 가져갈 수 있나?
   ❸ 면세점에 손님이 많은데, 관광객(고객)에게 어떤 내용을 안내해야 할까?

➕ 추가 단어

优惠 yōuhuì 할인의

相比 xiāngbǐ 동 비교하다, 견주다

提醒 tíxǐng 동 일깨우다, 깨우치다

种类 zhǒnglèi 명 종류

齐全 qíquán 형 완전히 갖추다, 완비하다

整洁 zhěngjié 형 단정하고 깨끗하다

제11과

회화 1

가이드 곧 11시네요. 이제 우리 호텔로 돌아가야 겠어요.
李活泼 아, 엄마, 제 휴대전화를 아무래도 화장품 가게에 놓고 온 것 같아요. 어떻게 해요, 여행 사진도 그 안에 다 있는데.
孙优雅 세상에나, 가이드님! 좀 전에 제 딸이 휴대전화를 가게 안에 놓고 왔대요.
가이드 아, 그럼 제가 대신 가서 볼게요.
李活泼 저도 같이 가요, 정말 죄송해요, 저희 금방 올게요.
孙优雅 괜찮아, 조급해 마. 우리 여기서 아이스크림 먹으면서 기다리고 있을게.
李大爸 빨리 다녀와.
가이드 감사합니다. 가시죠.
李大爸 분명 없을거야, 그거 최신 상품이던데, 아마 다른 사람이 가져갔을걸.

회화 2

가이드 다행히 여기 아직 문 안 닫았어요. 저 말씀 좀 여쭐게요, 여기서 여성분 휴대전화 못 보셨는지요?
종업원 여기요, 저희는 계속 휴대전화 주인이 가지러 오시기를 기다리고 있었어요.
李活泼 어, 아까 그 분…… 정말 감사해요! 제가 조금 전에야 휴대전화가 없어진 걸 알았거든요.
종업원 제가 따라 나갔는데 사람이 안 보이더라고요.
가이드 여기 다른 분은 모두 퇴근하셨어요?
종업원 네, 제가 좀 더 기다려 보고 퇴근하고 싶어서요.
李活泼 와, 정말 감동이에요. 감사합니다! 같이 사진 한 장 찍어도 되나요?
종업원 네, 예쁘게 나오게 찍어주세요.

– 상점에서 나와서 –

李活泼 좋은 사람이 역시 많군요. 제가 아까 오해했어요.
가이드 그렇죠! 만약 물건을 잃어버렸으면 보험회사에서 배상해주지만 사진이 없어지면 아쉽잖아요.
李活泼 그러니까요, 우리의 4박 5일 여행이 곧 끝나려고 해요. 후~ 오늘 정말 유쾌하게 마무리됐어요.

연습문제 정답 및 해석

1. ❶ 2016年1月16号晚上10点22分左右。

❷ 她的手机在三号线金沙江路站丢的。
❸ 她在金沙江路站下车时发现的。

2.
去中国旅游的一名学生在上海的地铁里丢了手机。她在(2016年1月18号下午3点55分)到警察局报了案，申报登录时间是4点59分。推定在(2016年1月16号晚10点22分)丢手机了。当时在地铁站里有(一名女子)跟着她过来，朋友说后面(好像)有人过来，那个女子嘴里还说(让一让)，然后这名学生就让开了。可是她还是跟着过来，她(觉得)那个女人很奇怪。她就想和朋友用手机拍下来，(结果)从地铁里出来发现包里的手机没了。手机里重要的信息和旅行照片都没了，很可惜。她想到已经加了(旅行保险)，于是开始(了解赔偿流程)。这要(去警察局报案)并且要拿到(一个报告)，所以和老师一起去警察局报案了。

해석

중국으로 여행을 간 한 학생이 중국 상하이 지하철에서 휴대전화를 잃어버렸다. 그녀는 (2016년 1월 18일 오후 3시 55분)에 경찰서에 가서 신고를 했고 신고 등록 시각은 오후 4시 59분이다. (2016년 1월 16일 밤 10시 22분)에 잃어버린 것으로 추정된다. 당시 지하철역에서 (한 여자)가 그녀를 뒤따라 왔다. 친구들이 뒤에 사람이 지나가는 (것 같다고) 했고 그 여자가 입으로 (비켜달라고)해서 비켜줬지만 여전히 뒤따라와서 이상하게 생각했다. 친구들과 사진을 찍었는데, (그런 후) 지하철에서 내리면서 가방 안의 휴대전화가 없어진 것을 알았다. 휴대전화 안에 중요한 정보와 여행 사진이 모두 없어져서 안타까웠다. 그녀는 (여행자 보험)에 가입되었던 것이 생각나서 (보상 절차를 알아보기) 시작했다. (경찰서에 가서 신고하고) (리포트)를 받아야 해서 학교 선생님과 함께 경찰서를 방문해서 신고하였다.

1. 어떤 사람이 중국에서 휴대전화를 잃어버렸다. 보험회사에 제출해서 배상받기 위해, 경찰서에 가서 분실 리포트를 받았다. 물음에 답하시오.
❶ 그녀는 언제 휴대전화를 잃어버렸나?
❷ 그녀는 휴대전화를 어디서 잃어버렸나?
❸ 그녀는 언제 자신이 휴대전화를 잃어버린 사실을 알았나?

✚ 추가 단어

申报 shēnbào 동 서면으로 보고하다
登录 dēnglù 동 등록하다, 등재하다, 기입하다
推定 tuīdìng 동 추정하다
流程 liúchéng 명 과정, 절차

제12과

회화 1

가이드 정말 운이 좋았네요, 휴대전화를 잃어버리지 않았어요.
孙优雅 가이드님 정말 수고하셨어요. 우리 이제 숙소로 돌아가요.
李美国 우리 여기서 기념 사진 한 장 찍어요. KIM-CHI!
孙优雅 모두 잠시만요! 아까 제 딸이 셀카봉을 샀잖아요. 함께 단체사진 한 장 찍어요.
李美国 와, 모두 예쁘게 잘 나왔어요.
李活泼 엄마, 저 가이드 오빠랑 같이 한 장 찍고 싶어요.
孙优雅 그래!
가이드 하하하, 함께 사진 찍게 되어 영광입니다.
李活泼 오빠, 이건 제 중국 휴대전화 번호예요, 상하이 오시면 반드시 저한테 연락하셔야 해요.
가이드 저 자주 상하이 가는데요!
李活泼 그럼 상하이 오시면 저한테 꼭 연락주세요, 이번 여행 정말 만족스러웠어요.

회화 2

가이드 모두 별 탈 없어서 정말 모두에게 감사 드립니다.
孙优雅 자, 자, KIM-CHI!!!
맙소사, 두 사람 정말 잘 어울리는구나.
李活泼 정말 잘 나왔네요, 저 이 사진 위챗에 올려야겠어요.
李美国 한국 사위가 생기시겠는데요?
李大爸 좋습니다, 좋아요!
가이드 아직 하루 더 남았습니다. 숙소에 돌아가셔서 짐 정리 잘 하시고 모두 즐거운 밤 보내시길 바라겠습니다.

본문 해석 및 연습문제 정답

李美国 내일 우리 좀 늦게 집합하면 해도 될까요?
가이드 좋습니다! 그럼 우리 내일 9시 30분에 로비에서 집합하죠. 짐도 모두 가지고 내려오세요. 자유 시간은 체크아웃 후 오전 10시부터 오후 2시까지입니다.
李活泼 자유시간 엄청 기대돼요! 가이드 오빠 저랑 같이 다니실 거죠?
孙优雅 그럼 너희 둘이 다니고 나는 네 아빠랑 오빠랑 같이 다닐래, 어때?
가이드 맞아요! 제가 잠시 후에 출국카드 나눠 드리면 잘 작성해 주세요.

1. 이것은 출입국 신고서의 표본이다. 물음에 답하시오.
❶ 그들의 항공편 번호는 몇 번인가?
❷ 그들의 목적지는 어디인가?
❸ 그들의 한국 국내 주소는 어디로 써야 하나?

+ 추가 단어

混乱 hùnluàn 형 혼란하다, 문란하다, 어지럽다
栏 lán 명 (출판물 등에서 선이나 여백으로 나눈) 난
彻底 chèdǐ 형 철저하다, 철저히 하다
留恋 liúliàn 동 떠나기 서운해하다

연습문제 정답 및 해석

1. ❶ HK112号航班。
   ❷ 上海虹桥。
   ❸ 韩国大酒店的地址。

2.
现在终于结束了(5天4夜的旅行)。导游在出国前一天提前让大家填写好了(出境卡)，我们照着(护照和机票)填写好，姓和名分开写，但是写到了一起，(结果)又重新填了一份。王积极告诉我们回国的航班号(HK112)，我们把航班号也填写好了。目的地上写(中国上海)，国籍旁边的护照号也都填写好了，可是韩国国内的地址应该怎么写呢？我们还去了济州岛，关于地址的填写有点儿混乱，所以我们一起在地址栏里填写了(韩国大酒店)，填好(这张出境卡)，感到这次的旅行(彻底结束)了，觉得很(留恋)。

해석

이제 드디어 (4박 5일간의 여정)이 끝났다. 가이드는 출국 하루 전날 저녁에 미리 (출국신고서)를 나눠주고 작성하게 하였다. 우리는 (여권과 비행기표)를 보면서 작성해 나갔다. 성씨와 이름을 나눠 써야 하는데 같이 써서 (결국) 다시 한 장 받아 썼다. 우리의 귀국 항공편은 (HK112편)이라고 王积极가 알려줘서 모두 받아 적었다. 도착지는 (중국 상하이)라고 썼고 국적 옆에 여권번호도 모두 잘 적었다. 그런데 한국 내 주소는 어떻게 써야 할까? 제주도에도 다녀와서 주소라는 항목이 조금 헷갈렸지만 우리는 모두 (한국호텔)의 주소를 다 함께 적기로 했다. 이렇게 (출국신고서)를 작성하고 나니 여행이 (정말 끝난 것) 같아서 (아쉬웠다).

관광 실무 관련 단어

서울 관광지 BEST 10

1. 서울 5대 고궁

    경복궁 景福宫 Jǐngfú Gōng

    창덕궁 昌德宫 Chāngdé Gōng

    창경궁 昌庆宫 Chāngqìng Gōng

    덕수궁 德寿宫 Déshòu Gōng

    경희궁 庆熙宫 Qìngxī Gōng

2. 광장시장 广藏市场 Guǎngcáng Shìchǎng
3. 남대문시장 南大门市场 Nándàmén Shìchǎng
4. 남산 N서울타워 南山N首尔塔 Nánshān N Shǒu'ěr Tǎ
5. 동대문 디자인플라자(DDP) 东大门设计广场 Dōngdàmén shèjì Guǎngchǎng
6. 명동거리 明洞街 Míng Dòng Jiē
7. 북촌 한옥마을 北村韩屋村 Běicūn Hánwūcūn
8. 인사동 仁寺洞 Rénsì Dòng
9. 신사동 가로수길 新沙洞林荫路 Xīnshā Dòng Línyīn Lù
10. 홍대 입구 弘大入口 Hóng Dà Rùkǒu

한국의 여러 지방

1. 서울 首尔 Shǒu'ěr
2. 인천 仁川 Rénchuān
3. 경기도 京畿道 Jīngjī Dào
4. 강원도 江原道 Jiāngyuán Dào
5. 충청북도 忠清北道 Zhōngqīng Běidào
6. 대전 大田 Dàtián
7. 충청남도 忠清南道 Zhōngqīng Nándào
8. 전라북도 全罗北道 Quánluó Běidào
9. 전라남도 全罗南道 Quánluó Nándào
10. 대구 大邱 Dàqiū
11. 경상북도 庆尚北道 Qìngshàng Běidào
12. 부산 釜山 Fǔshān
13. 울산 蔚山 Wèishān
14. 경상남도 庆尚南道 Qìngshàng Nándào
15. 제주도 济州岛/济州道 Jìzhōu Dǎo/Jìzhōu Dào
16. 울릉도 郁陵岛 Yùlíng Dǎo
17. 독도 独岛 Dú Dǎo

제주도 관광지 BEST 10

1. 김영갑 갤러리 두모악 金永甲头毛岳展览馆 Jīn Yǒngjiǎ Tóumáoyuè Zhǎnlǎnguǎn
2. 비자림 榧子林 Fěizǐ Lín
3. 중문관광단지 中文旅游区 Zhōngwén Lǚyóuqū
4. 한라산 汉拿山 Hànná Shān
5. 산굼부리 山君不离 Shānjūn Bùlí
6. 섭지코지 涉地可支 Shèdìkězhī
7. 성산일출봉 城山日出峰 Chéng Shān Rìchū Fēng
8. 쇠소깍 牛沼河口 Niúzhǎo Hékǒu
9. 올레길 偶来路 Ǒulái Lù
10. 우도 牛岛 Niú Dǎo

서울 주요 지하철역명

1. 서울역 首尔站 Shǒu'ěr Zhàn
2. 시청역 市厅站 Shìtīng Zhàn
3. 종각역 钟阁站 Zhōnggé Zhàn
4. 안국역 安国站 Ānguó Zhàn
5. 동대문역사문화공원역 东大门历史文化公园站 Dōngdàmén Lìshǐ Wénhuà Gōngyuán Zhàn
6. 명동역 明洞站 Míng Dòng Zhàn
7. 인천공항역 仁川机场站 Rénchuān Jīchǎng Zhàn
8. 김포공항역 金浦机场站 Jīnpǔ Jīchǎng Zhàn
9. 용산역 龙山站 Lóngshān Zhàn
10. 선정릉역 宣靖陵站 Xuānjìnglíng Zhàn
11. 잠실역 蚕室站 Cánshì Zhàn

관광 실무 관련 단어

12. 올림픽공원역 奥林匹克公园站 Àolínpǐkè Gōngyuán Zhàn
13. 강남역 江南站 Jiāngnán Zhàn
14. 압구정역 鸭鸥亭站 Yā'ōutíng Zhàn
15. 여의도역 汝矣岛站 Rǔ'yǐ Dǎo Zhàn
16. 디지털미디어시티역 数码媒体城站 Shùmǎ Méitǐ Chéng Zhàn
17. 홍대입구역 弘大入口站 Hóng Dà Rùkǒu Zhàn
18. 청량리역 清凉里站 Qīngliánglǐ Zhàn
19. 이태원역 梨泰院站 Lítàiyuàn Zhàn
20. 혜화역 惠化站 Huìhuà Zhàn

한-중 항공노선이 이용 가능한 국내 공항

1. 김포공항 金浦国际机场 Jīnpǔ Guójì Jīchǎng
2. 인천공항 仁川国际机场 Rénchuān Guójì Jīchǎng
3. 김해공항 金海国际机场 Jīnhǎi Guójì Jīchǎng
4. 무안공항 务安国际机场 Wù'ān Guójì jīchǎng
5. 청주공항 清州国际机场 Qīngzhōu Guójì Jīchǎng
6. 양양공항 襄阳国际机场 Xiāngyáng Guójì Jīchǎng

주요 호텔명

1. 하얏트호텔 君悦酒店 Jūnyuè Jiǔdiàn
2. 신라호텔 新罗酒店 Xīnluó Jiǔdiàn
3. 힐튼호텔 希尔顿酒店 Xī'ěrdùn Jiǔdiàn
4. 롯데호텔 乐天酒店 Lètiān Jiǔdiàn
5. 쉐라톤호텔 喜来登酒店 Xǐláidēng Jiǔdiàn
6. JW메리어트호텔 JW万豪国际酒店 JW Wànháo Guójì Jiǔdiàn
7. 라마다호텔 拉马达——华美达酒店 Lāmǎdá —— Huáměidá Jiǔdiàn
8. 워커힐호텔 华克山庄酒店 Huákè Shānzhuāng Jiǔdiàn
9. 세종호텔 世宗酒店 Shìzōng Jiǔdiàn
10. 반야드호텔 首尔悦榕俱乐部水疗酒店 Shǒu'ěr Yuèróng Jùlèbù Shuǐliáo Jiǔdiàn

면세점

1. 롯데면세점 乐天免税店 Lètiān Miǎnshuìdiàn
2. 동화면세점 东和免税店 Dōnghé Miǎnshuìdiàn
3. HDC 신라면세점 HDC 新罗免税店 HDC Xīnluó Miǎnshuìdiàn
4. 워커힐면세점 华克山庄免税店 Huákè Shānzhuāng Miǎnshuìdiàn
5. JDC 제주면세점 JDC 济州免税店 JDC Jìzhōu Miǎnshuìdiàn
6. 대한항공면세점 大韩航空免税店 Dàhán hángkōng Miǎnshuìdiàn
7. (한화)갤러리아면세점 (韩火)格乐丽雅免税店 Hánhuǒ Gélèlìyǎ Miǎnshuìdiàn
8. SM 면세점 SM免税店 SM Miǎnshuìdiàn

관광객이 선호하는 국내 화장품 브랜드

1. 설화수 雪花秀 Xuěhuāxiù
2. 아이오페 艾诺碧 Àinuòbì
3. 이니스프리 悦诗风吟 Yuèshīfēngyín
4. 스킨푸드 思亲肤 Sīqīnfū
5. 더페이스샵 菲诗小铺 Fēishī Xiǎopù
6. 라네즈 兰芝 Lánzhī
7. NATURE REPUBLIC 自然乐园 Zìrán lèyuán
8. 메디힐 美迪惠尔 Měidíhuì'ěr
9. 토리모리 托尼牟利 Tuōnímóulì
10. 에뛰드하우스 伊蒂之屋 Yīdì zhī Wū
11. 미샤 谜尚 Míshàng
12. 오휘(O HUI) 欧蕙 Ōuhuì

13. 헤라(HERA) 赫拉 Hèlā
14. 마몽드(MAMONDE) 梦妆 Mèngzhuāng

관광객이 선호하는 우리 음식명

1. 삼계탕 参鸡汤 shēnjītāng
2. 불고기 烤牛肉 kǎoniúròu
3. 삼겹살 五花肉 wǔhuāròu
4. 제주흑돼지고기 济州黑猪肉 Jìzhōu hēizhūròu
5. (돌솥)비빔밥 (石锅)拌饭 (shíguō) bànfàn
6. 소갈비/돼지갈비/닭갈비
   牛排 niúpái /猪排 zhūpái /鸡排 jīpái
7. 한우 韩牛 Hánniú
8. 치맥 炸鸡配啤酒 zhájī pèi píjiǔ
9. 떡볶이 炒米糕 chǎomǐ gāo
10. 감자탕 土豆汤 tǔdòu tāng

면세점에서 구입할 수 있는 화장품·향수 브랜드

1. 샤넬(CHANEL) 香奈儿 Xiāngài'ér
2. (크리스찬)디올(C.DIOR) 迪奥 Dí'ào
3. 버버리(BURBERRY) 博柏利 Bóbǎilì
4. 랑콤(LANCOME) 兰蔻 Lánkòu
5. 에스티로더(ESTEE LAUDER)
   雅诗兰黛 Yǎshīlándài
6. 시세이도(SHISEIDO) 资生堂 Zīshēngtáng
7. 시슬리(SISLEY) 希思黎 Xīsīlí
8. 클리니크(CLINIQUE) 倩碧 Qiànbì
9. 비오뎀(BIOTHERM) 碧欧泉 Bì'ōuquán
10. 헬레나 루빈스타인(HR) (HELENA RUBINSTEIN)
    赫莲娜 Hèliánnà
11. 엘리자베스아덴(ELIZABETH ARDEN)
    伊丽莎白·雅顿 Yīlìshābái·Yǎdùn
12. 비잔(BIJAN) 毕扬 Bìyáng

13. 조이(JOY) 欢乐 Huānlè
14. 티파니(TIFFANY) 蒂芙尼 Dìfúní
15. 디바(Diva) 迪娃 Díwá
16. 입센 로랑(YSL) (Yves Saint Laurent)
    圣罗兰 Shèngluólán
17. 록시땅(L'OCCITANE) 欧舒丹 Ōushūdān
18. 겐조(KENZO) 高田贤三 Gāotián xiánsān
19. 구찌(GUCCI) 古驰 Gǔqí
20. 불가리(BVLGARI) 宝格丽 Bǎogélì
21. 라프레리(La prairie) 莱珀妮 Láipònī
22. 랩 시리즈(LAB SERIES) 朗仕 Lǎngshì
23. 키엘(Kiehls) 科颜氏 Kēyánshì
24. 오리진스(Origins) 悦木之源 Yuèmù zhī yuán
25. 클라란스(Clarins) 娇韵诗 Jiāoyùnshī
25. 아모레(AMORE) 爱茉莉 Àimòlì
26. 더 바디샵(THE BODY SHOP)
    美体小铺 Měitǐxiǎopù
27. 니베아(NIVEA) 妮维雅 Nīwéiyǎ
28. 로레알 파리(L'oreal Paris)
    巴黎欧莱雅 Bālí Ōuláiyǎ
29. 아베다(Aveda) 艾凡达 Àifándá

➕ 추가 단어 – 화장품의 종류

1. 스킨, 토너 化妆水 huàzhuāngshuǐ
2. 로션, 유액 乳液 rǔyè
3. 클렌징 크림 洗面奶 xǐmiànnǎi
4. 클렌징 오일 卸妆油 xièzhuāngyóu
5. 아이크림 眼霜 yǎnshuāng
6. 선크림 防晒霜 fángshàishuāng
7. 에센스, 세럼 精华液 jīnghuáyè
8. 앰플 精华素 jīnghuásù
9. 립스틱 唇膏 chúngāo
10. 파운데이션 粉底霜 fěndǐshuāng
11. 파우더, 콤팩트 粉饼 fěnbǐng

관광 실무 관련 단어

12. 아이쉐도우 眼影 yǎnyǐng
13. 마스크 面膜 miànmó
14. 영양 크림 营养霜 yíngyǎngshuāng
15. 데이 크림 日霜 rìshuāng
16. 나이트 크림 晚霜 wǎnshuāng
17. 기능성 화장품 护肤品 hùfūpǐn

+ 추가 단어 – 화장품의 기능

1. 복합성 混合性 húnhéxìng
2. 피부를 보호하다 护肤 hùfū
3. 노화를 예방하다 预防衰老 yùfáng shuāilǎo
4. 영양, 영양을 주다 滋养 zīyǎng
5. 항산화 抗氧化 kàngyǎnghuà
6. 재생 再生 zàishēng
7. 미백 美白 méibái
8. 보습이 되다 保湿 bǎoshī
9. 주름을 없애다 去皱 / 祛皱 qùzhòu / qūzhòu
10. 잡티를 제거하다 去疤 / 祛疤 qùbā / qūbā
11. 기미를 제거하다 去斑 / 祛斑 qùbān / qūbān
12. 모공을 수축하다 收缩毛孔 shōusuō máokǒng
13. 지방을 감소하다 减脂 jiǎnzhī
14. 메이크업을 지우다 卸妆 xièzhuāng
15. 피부를 활성화하다 活肤 huófū

면세점에서 구입할 수 있는 악세서리 브랜드

1. 스와로브스키(SWAROVSKI) 施华洛世奇 Shīhuáluòshìqí
2. 티파니(Tiffany&Co) 蒂芙尼 Dìfúní
3. 아가타(Agatha) 瑷嘉莎 Àijiāshā
4. 토스(TOUS) 桃丝熊 Táosīxióng

면세점에서 구입할 수 있는 가방·의류 브랜드

1. 샤넬(CHANEL) 香奈儿 Xiāngàiʼér
2. 루이비통(LOUIS VUITTON) 路易威登 Lùyìwēidēng
3. (크리스챤)디올(C.DIOR) 迪奥 Díʼào
4. 버버리(BURBERRY) 博柏利 Bóbǎilì
5. 프라다(PRADA) 普拉达 Pǔlādá
6. 베르사체(VERSACE) 范思哲 Fànsīzhé
7. 지방시(GIVENCHY) 纪梵希 Jìfánxī
8. 겐조(KENZO) 高田贤三 Gāotián xiánsān
9. 구찌(GUCCI) 古驰 Gǔqí
10. 레이밴(RAYBAN) 雷朋 Léipéng
11. 발리(BALLY) 巴利 Bālì
12. 불가리(BVLGARI) 宝格丽 Bǎogélì
13. 던힐(DUNHILL) 登喜路 Dēngxǐlù
14. 티파니(TIFFANY) 蒂芙尼 Dìfúní
15. 랑방(LANVIN) 浪凡 Làngfán
16. 샐린느(CELINE) 赛琳 Sàilín
17. 코치(COACH) 寇驰 Kòuchí
18. 펜디(FENDI) 芬迪 Fēndí
19. 살바토레 페라가모(Salvatore Ferragamo) 赛尔瓦托·菲拉格慕 Sàiʼěrwǎtuō·Fēilāgémù
20. 카르띠에(Cartier) 卡地亚 Kǎdìyà
21. 돌체 앤 가바나(Dolce & gabbana) 杜嘉班纳 Dùjiābānʼnà
22. 에르메스(Hermes) 爱马仕 Àimǎshì
23. 알마니(Armani) 阿玛尼 Āmǎní
24. 발렌티노(Valentino) 华伦天奴 Huálúntiānnú
25. 랄프로렌(Ralph Lauren) 拉尔夫·劳伦 Lāʼěrfū Láolún
26. 빈폴(BEANPOLE) 滨波 Bīnbō
27. 노스페이스(North Face) 乐斯菲斯 Lèsīfēisī
28. 던힐(Dunhill) 登喜路 Dēngxǐlù
29. 듀퐁(S.T.Dupont) 都彭 Dūpéng

30. 캘빈클라인(Calvin Klein) 卡文克莱 Kǎwén Kèlái
31. 샘소나이트(samsonite) 新秀丽 Xīnxiùlì
32. 미우미우(miu miu) 缪缪 Miùmiù
33. 마이클 코어스(Michael Kors) 迈克高仕 Màikè gāoshì
34. 토리 버치(Tory burch) 汤丽柏琦 Tānglì bǎiqí

+ 추가 단어 – 가방의 종류
1. 서류 가방 公文包 gōngwénbāo
2. 노트북 가방 电脑包 diànnǎobāo
3. 화장품 가방 化妆包 huàzhuāngbāo
4. 등산 가방 登山包 dēngshānbāo
5. 핸드백 手提包 shǒutíbāo
6. 배낭 背包 bēibāo
7. 허리 전대 腰包 yāobāo
8. 동전 지갑 零钱包 língqiánbāo
9. 카드 지갑 卡片包 kǎpiànbāo
10. 여권 지갑 护照包 hùzhàobāo
11. 열쇠 지갑 钥匙包 yàoshibāo
12. 여행 가방, 캐리어 行李箱 xínglixiāng

+ 추가 단어 – 의류의 종류
1. 넥타이 领带 lǐngdài
2. 비단 스카프 丝巾 sījīn
3. 바지 裤子 kùzi
4. 청바지 牛仔裤 niúzǎikù
5. 치마 裙子 qúnzi
6. 원피스 连衣裙 liányīqún
7. 티셔츠 T恤 T xù
8. 스웨터 毛衣 máoyī
9. 와이셔츠 衬衫 chènshān
10. 블라우스 女式衬衫 nǚshì chènshān
11. 외투 大衣 dàyī
12. 양복 西装 xīzhuāng

13. 정장 正装 zhèngzhuāng
14. 구두 皮鞋 píxié

면세점에서 구입할 수 있는 담배 브랜드
1. 말보로(MARLBORO) 万宝路 Wànbǎolù
2. 카멜(CAMEL) 骆驼 Luòtuo
3. 555 三五 Sānwǔ
4. 다비도프(DAVIDOFF) 大卫杜夫 Dàwèidùfū
5. 켄트(KENT) 箭牌 Jiànpái
6. 중화 中华 Zhōnghuá (中国名烟)
7. 홍타산 红塔山 Hóngtǎshān (中国名烟)
8. 위시 玉溪 Yùxī (中国名烟)

면세점에서 구입할 수 있는 주류 브랜드
1. 조니 워커(JOHNNIE WALKER) 尊尼获加 Zūnní Huòjiā
2. 앱솔루트(ABSOLUT) 绝对伏特加 Juéduìfútèjiā
3. 잭 다니엘스(JACK DANIELS) 杰克丹尼 Jiékè Dānní
4. 마르텔(MARTELL) 马爹利 Mǎdiēlì
5. 레미 마르탱(REMY MARTIN) 人头马 Réntóumǎ
6. 헤네시(HENNESSY) 轩尼诗 Xuānníshī
7. 치바스(CHIVAS) 芝华士 Zhīhuáshì
8. 발렌타인(BALLANTINE's) 百龄坛 Bǎilíngtán
9. 참이슬(CHAMISUL) 真露 Zhēnlù
10. 보해(BOHAE) 宝海 Bǎohǎi
11. 마오타이 茅台 Máotái (中国名酒)
12. 우량예 五粮液 Wǔliángyè (中国名酒)

관광 실무 관련 단어

➕ 추가 단어 – 주류의 종류

1. 도수 度数 dùshù
2. 양주 洋酒 yángjiǔ
3. 위스키 威士忌 wēishìjì
4. 보드카 伏特加(酒) fútèjiā(jiǔ)
5. 고량주 高粱酒 gāoliángjiǔ
6. 백주, 배갈 白酒 báijiǔ
7. 포도주 葡萄酒 pútáojiǔ
8. 와인 红酒 hóngjiǔ
9. 막걸리 米酒 mǐjiǔ
10. 소주 烧酒 shāojiǔ
11. 청주 清酒 qīngjiǔ
12. 복분자주 覆盆子酒 fùpénzǐjiǔ
13. 과실주 果酒 guǒjiǔ

면세점에서 구입할 수 있는 시계 브랜드

1. 에르메스(HERMES) 爱马仕 Àimǎshì
2. 엠프리오 아르마니(EMPORIO ARMANI) 安普里奥·阿玛尼 Ānpǔlǐào·Āmǎní
3. 버버리(BURBERRY) 博柏利 Bóbǎilì
4. 펜디(FENDI) 芬迪 Fēndí
5. 구찌(GUCCI) 古驰 Gǔqí
6. 카시오(CASIO) 卡西欧 Kǎxī'ōu
7. 로렉스(ROLEX) 劳力士 Láolìshì
8. 라도(RADO) 雷达 Léidá
9. 오메가(OMEGA) 欧米茄 Ōumǐjiā
10. 스와치(SWATCH) 斯沃琪 Sīwòqí
11. 카르띠에(Cartier) 卡地亚 Kǎdìyà
12. 론진(LONGINES) 浪琴 Làngqín
13. 태그호이어(tagheuer) 泰格豪雅 Tàigéháoyǎ
14. 몽블랑(Montblanc) 万宝龙 Wànbǎolóng

면세점에서 구입 가능한 식품류

1. 홍삼 红参 hóngshēn
2. 홍삼진액 红参精 hóngshēnjīng
3. 홍삼차 红参茶 hóngshēnchá
4. 홍삼사탕 红参糖 hóngshēntáng
5. 홍삼절편 红参切片 hóngshēn qiēpiàn
6. 김치 泡菜 pàocài
7. 김 海苔 / 紫菜 hǎitái / zǐcài
8. 건강 보조 식품 保健品 bǎojiànpǐn
9. 종합 비타민 综合维生素 zōnghé wéishēngsù
10. 오메가3 深海鱼油 shēnhǎi yúyóu
11. 칼슘제 钙片 gàipiàn
12. 여성 전용 영양제 女性专用营养剂 nǚxìng zhuānyòng yíngyǎngjì
13. 초콜릿 巧克力 qiǎokèlì
14. 감귤 柑橘 gānjú

색인(병음순)

A

按照 ànzhào 개 ~에 따라서, ~에 의해서

B

拜托 bàituō 동 부탁하다
般配 bānpèi 형 잘 어울리다, 짝이 맞다
包括 bāokuò 동 포함하다
保管 bǎoguǎn 동 보관하다
保证金 bǎozhèngjīn 명 보증금
抱歉 bàoqiàn 동 사과하다
鲍鱼粥 bàoyúzhōu 명 전복죽
冰激凌 bīngjīlíng 명 아이스크림
冰淇淋 bīngqílín 명 아이스크림
变动 biàndòng 명 변동사항
变胖 biànpàng 부 (몸이) 뚱뚱해지다, 살찌다
标示牌 biāoshìpái 명 표시판, 피켓
标准房 biāozhǔnfáng 명 스탠다드 룸
宾馆 bīnguǎn 명 (규모가 비교적 큰) 여관, 호텔
不算 búsuàn ~한 편이 아니다
补水效果 bǔshuǐ xiàoguǒ 명 보습효과
不多见 bù duōjiàn 자주 보이다, 많이 나타나다
部 bù 양 휴대전화를 세는 양사

C

参观 cānguān 동 참관하다, 견학하다
乘车 chéngchē 동 (교통수단에) 타다, 승차하다
程度 chéngdù 명 정도
城山日出峰 Chéng Shān Rìchū Fēng 명 성산일출봉
乘坐 chéngzuò 동 (교통수단에) 타다, 승차하다
重建 chóngjiàn 동 재건하다

出境 chūjìng 동 출국하다
出入境卡 chūrùjìng kǎ 명 출입국 신고서
除了 chúle 접 ~를 제외하고는

D

打算 dǎsuan 동 ~할 계획이다
大厅 dàtīng 명 로비
呆会儿 dāihuìr 잠시 지나다, 잠시 기다리다
带 dài 동 (몸에) 지니다
当然 dāngrán 형 당연하다
导游 dǎoyóu 여행가이드
道歉 dàoqiàn 동 사과하다
登山 dēngshān 동 등산하다
登上 dēngshàng 오르다, 올라서다
等一会儿 děng yíhuìr 잠시 후, 잠시 기다리다
地方 dìfang 명 지역, 지방, 곳
丢 diū 동 잃다, 잃어버리다
电子邮件 diànzǐ yóujiàn 명 이메일
东大门市场 Dōngdàmén Shìchǎng 명 동대문시장
独具风格 dújù fēnggé 형 독자적인 풍격을 가지고 있다
度过 dùguò 동 (휴가나 시간 등을) 보내다
多亏 duōkuī 부 덕분에, 다행히

F

发生 fāshēng 동 발생하다
返程 fǎnchéng 명 귀국 여정, 돌아가는 길
饭菜 fàncài 명 식사, 밥과 반찬
防止 fángzhǐ 동 방지하다, 예방하다
放心 fàngxīn 동 안심하다

색인(병음순)

飞机票 fēijīpiào 명 비행기표
服务 fúwù 명 서비스
服装 fúzhuāng 명 복장, 의상
付 fù 동 (돈을) 지불하다
腹泻 fùxiè 명 설사
复原 fùyuán 동 복원하다, 복구하다

G

干净 gānjìng 형 깨끗하다, 청결하다
感到 gǎndào 동 (감각 등으로) 느끼다
感动 gǎndòng 동 감동하다
感谢 gǎnxiè 동 감사하다
各位 gèwèi 명 여러분
各有不同 gèyǒu bùtóng 제각기 다르다
各自 gèzì 명 각자
古宫 Gǔgōng 명 고궁, 오래된 궁궐
故宫 Gùgōng 명 고궁[= 紫禁城]
关门 guānmén 동 영업 종료하다
广播 guǎngbō 동 방송하다
逛一圈 guàng yì quān 한 바퀴 돌다
古老文化街 gǔlǎo wénhuà jiē 명 옛문화 거리
顾客姓名 gùkè xìngmíng 명 고객 이름

H

海外 hǎiwài 명 해외
汉拿山 Hànná Shān 명 한라산
航班 hángbān 명 (배나 비행기의) 운항편
喝得惯 hēdeguàn (습관이 되어) 마실 수 있다
合算 hésuàn 형 수지가 맞다
合影 héyǐng 명 단체사진
黑猪肉 hēizhūròu 명 흑돼지고기

划算 huásuàn 형 수지가 맞다
欢迎 huānyíng 동 환영하다
换钱 huànqián 동 환전하다
汇率 huìlǜ 명 환율

J

机票 jīpiào 명 비행기표
机器 jīqì 명 기계
记得 jìde 동 기억하고 있다, 잊지 않고 있다
集合 jíhé 동 집합하다, 모이다
纪念照 jìniànzhào 명 기념사진
既然 jìrán 접 기왕 ~된 바에야
假钱 jiǎqián 명 (위조지폐 등의) 가짜 돈
检查 jiǎnchá 동 검사하다
建筑 jiànzhù 명 건축, 건축물
降落 jiàngluò 동 착륙하다
假期 jiàqī 명 휴가기간
接(人) jiē (rén) 동 마중하다
结局 jiéjú 명 결말, 결국
结束 jiéshù 동 끝나다
紧 jǐn 형 (시간이) 빡빡하다, 촉박하다
尽 jìn 부 전부, 모두
进行 jìnxíng 동 (어떤 지속적인 활동을) 진행하다
精致 jīngzhì 형 정교하다, 섬세하다
景福宫 Jǐngfú Gōng 명 경복궁
距离 jùlí 명 거리
觉得 juéde 동 ~라고 느끼다, 생각하다

K

开衫 kāishān 명 카디건
烤牛肉 kǎoniúròu 불고기

可惜 kěxī 형 섭섭하다, 아쉽다
客车 kèchē 명 대형버스, 객차
客房 kèfáng 명 객실
客人 kèrén 명 손님, 고객
恐怕 kǒngpà 부 아마 ~일 것이다
快去快回 kuài qù kuài huí 빨리 다녀오다
矿泉水 kuàngquánshuǐ 명 생수

L

落 là 동 빠뜨리다, 놓고 오다
来自 láizì 동 ~로부터 오다
缆车 lǎnchē 명 케이블카
劳动节 Láodòng Jié 명 노동절
离 lí 개 ~에서, ~로부터
凉水 liángshuǐ 형 냉수, 찬물
凌晨 língchén 명 새벽
楼下 lóuxià 명 1층, 아래층
旅客 lǚkè 명 여행객, 요우커
旅游保险 lǚyóu bǎoxiǎn 명 여행(자) 보험
旅游商品 lǚyóu shāngpǐn 명 여행 상품, 패키지 상품
旅游团 lǚyóutuán 명 여행단, 단체여행팀

M

满意 mǎnyì 형 만족하다
门票 ménpiào 명 입장권
门童 méntóng 명 벨보이
免税店 miǎnshuìdiàn 명 면세점
面子 miànzi 명 체면

N

拿过来 náguòlái 가져오다
拿走 názǒu 동 가지고 가다
难道 nándào 부 설마 ~란 말인가? 설마 ~겠어?
男朋友 nánpéngyou 명 남자친구
女士 nǚshì 명 여사[성인 여성을 칭하는 호칭]
女婿 nǚxu 명 사위
N首尔塔 N Shǒu'ěr Tǎ 명 N서울타워

P

牌子 páizi 명 푯말, 표지판; 메이커
拍摄 pāishè 동 촬영하다
拍照 pāizhào 동 사진을 찍다
赔付 péifù 동 배상금을 지불하다

P

期待 qīdài 동 기대하다, 바라다
骑马 qímǎ 동 말을 타다
其他 qítā 명 기타 (등등)
起飞 qǐfēi 동 (비행기 등이) 이륙하다
签证 qiānzhèng 명 비자
抢眼 qiǎngyǎn 동 눈길을 끌다, 눈에 띄다
亲哥哥 qīn'gēge 명 친오빠
庆州 Qìngzhōu 지 경주
全景 quánjǐng 명 전경, 파노라마
确认 quèrèn 동 확인하다

R

壬辰倭乱 Rénchén Wōluàn 명 임진왜란
仁寺洞 Rénsì Dòng 지 인사동

색인(병음순)

荣幸 róngxìng 형 매우 영광스럽다
日程表 rìchéngbiǎo 명 일정표
入境 rùjìng 동 입국하다
入住 rùzhù 동 숙박하다

S

烧 shāo 동 태우다, 불사르다
稍微 shāowēi 부 다소, 조금
少女偶像组合 shàonǚ ǒuxiàng zǔhé 명 아이돌 걸그룹
设计 shèjì 동 디자인하다, 설계하다
设计师 shèjìshī 명 디자이너
申请 shēnqǐng 동 신청하다
剩下 shèngxià 동 남다, 남기다
使用说明 shǐyòng shuōmíng 명 사용 설명
收到 shōudào 동 (편지, 선물 등을) 받다, 수령하다
首都 shǒudū 명 수도
手机 shǒujī 명 휴대전화
手机号(码) shǒujī hào(mǎ) 명 휴대전화 번호
首先 shǒuxiān 명 우선, 먼저
舒服 shūfu 형 편안하다
帅 shuài 형 잘생기다, 멋지다
素食主义者 sùshí zhǔyìzhě 명 채식주의자
算是 suànshì 동 ~인 셈이다, ~으로 치다
虽然 suīrán 접 비록 ~일지라도
随便 suíbiàn 부 마음대로, 좋을 대로
随身 suíshēn 동 휴대하다
随时 suíshí 부 수시로

T

特别 tèbié 부 특별히, 특히
特殊事项 tèshū shìxiàng 명 특이사항
提供 tígōng 동 제공하다
体验 tǐyàn 동 체험하다
替 tì 동 대신하다
填写 tiánxiě 동 채워 쓰다
涂七色彩缎 tú qīsè cǎiduàn 색동(색)을 칠하다
团体 tuántǐ 명 단체
退房 tuìfáng 동 체크아웃하다
退钱 tuìqián 동 환불하다
退税 tuìshuì 동 세금을 돌려주다

W

晚点 wǎndiǎn 조금 늦다
往返 wǎngfǎn 동 왕복하다
旺季 wàngjì 명 성수기
微信 Wēixìn 명 위챗[WeChat]
为 wèi 개 ~를 위해서
文化遗产 wénhuà yíchǎn 명 문화 유산
武汉 Wǔhàn 지 우한[중국 호북성에 위치한 도시]
五湖四海 wǔhú sìhǎi 성 전국 각지, 방방곡곡
误会 wùhuì 동 오해하다
物品 wùpǐn 명 물품

X

小费 xiǎofèi 명 팁
小旗子 xiǎoqízi 명 작은 깃발
辛苦 xīnkǔ 형 수고하십니다, 수고했습니다
新上市 xīnshàngshì 형 새롭게 출시되다
行程 xíngchéng 명 여정, 노정

行李 xíngli 명 짐, 여행가방
幸亏 xìngkuī 부 다행히, 운 좋게
幸运 xìngyùn 형 운이 좋다, 행운이다
休息 xiūxi 동 휴식하다, 쉬다
需要 xūyào 동 필요하다

Y

押金 yājīn 명 보증금
夜晚 yèwǎn 동 밤, 야간
一次性交通卡 yícìxìng jiāotōngkǎ 명 1회용 교통카드
移动 yídòng 동 이동하다
一会儿 yíhuìr 잠시(후), 잠깐
意外 yìwài 형 의외의, 뜻밖의
异味 yìwèi 명 이상한 냄새
引起 yǐnqǐ 동 불러 일으키다, 야기하다
硬币 yìngbì 명 동전
永远 yǒngyuǎn 형 영원하다
用餐 yòngcān 동 식사하다
游客 yóukè 명 여행객, 요우커
邮件 yóujiàn 명 이메일
由于 yóuyú 접 ~때문에, ~으로 인해
油税 yóushuì 명 유류세
愉快 yúkuài 형 기쁘다, 유쾌하다
预订 yùdìng 동 예약하다
预定 yùdìng 동 예약하다
预留 yùliú 동 미리 남겨 두다
预约 yùyuē 동 예약하다
原来 yuánlái 부 원래, 본래는
原谅 yuánliàng 동 이해하다, 용서하다

Z

再次 zàicì 부 재차, 다시
自拍杆 zìpāigǎn 명 셀카봉
自选项目 zìxuǎn xiàngmù 명 선택 관광
自由时间 zìyóu shíjiān 명 자유시간
自助餐 zìzhùcān 명 뷔페(식) 식사
长大 zhǎngdà 동 자라다, 성장하다
着急 zháojí 동 초조해하다, 마음을 졸이다
整理 zhěnglǐ 동 정리하다
纸币 zhǐbì 명 지폐
中文旅游区 Zhōngwén Lǚyóuqū 명 중문관광단지
种类 zhǒnglèi 명 종류
住宿 zhùsù 동 묵다, 숙박하다
准备 zhǔnbèi 동 준비하다
注意 zhùyì 동 주의하다
自动 zìdòng 부 (기계·장치 등이) 자동으로
自由行 zìyóuxíng 자유여행
走着去 zǒuzhe qù 걸어서 가다
座位 zuòwèi 명 자리, 좌석

memo

memo

memo